STOCK OPTIONS NA RELAÇÃO DE EMPREGO

VIVIANE CASTRO NEVES PASCOAL M. DAL MAS
Mestre em Direito do Trabalho pela PUC-SP.
Sócia responsável pela área trabalhista da Advocacia Castro Neves.

STOCK OPTIONS NA RELAÇÃO DE EMPREGO

EDITORA
LTr
SÃO PAULO

Dados Internacionais de Catalogação na Publicação (CIP)
(Câmara Brasileira do Livro, SP, Brasil)

Dal Mas, Viviane Castro Neves Pascoal M.
Stock options na relação de emprego / Viviane Castro Neves Pascoal M. Dal Mas — São Paulo : LTr, 2008.

Bibliografia.
ISBN 978-85-361-1185-8

1. Ações (finanças) 2. Opções de ações para funcionários 3. Relação de emprego — Brasil I. Título.

08-01102 CDD-332:63228088

Índice para catálogo sistemático:

1. Stock options na relação de emprego:
Economia financeira 332.63228088

Produção Gráfica e Editoração Eletrônica: LINOTEC
Capa: ELIANA C. COSTA
Impressão: HR GRÁFICA E EDITORA

EDITORA LTDA.

Rua Apa, 165 — CEP 01201-904 — Fone (11) 3826-2788 — Fax (11) 3826-9180
São Paulo, SP — Brasil — www.ltr.com.br

LTr 3600.1 **Julho, 2008**

Dedico este trabalho ao meu marido Alexandre,
a minhas filhas Giulia e Manuella e a minha mãezinha querida, Solange.
Aos quatro, pelo nosso amor incondicional e infinito,
por estarmos juntos, lado a lado, procurando o
caminho do crescimento interior, intelectual e espiritual.

Dedico-o também ao meu querido padrasto, amigo e sócio, Victor de Castro Neves,
meu eterno anjinho da guarda, que onde estiver, estará torcendo por mim.

Ao meu pai, Roberto, meus irmãos Beto e Ricardo e meus sogros,
Belzinha e Sady, com todo o meu amor.

Agradeço ao professor Doutor Pedro Paulo Teixeira Manus, pela orientação deste trabalho e principalmente por ser a pessoa que é: uma inspiração.

Ao Professor Doutor Paulo Sérgio João, com o qual tive a felicidade de iniciar o mestrado, por proporcionar aos seus alunos a profundidade e inquietude que o curso merece.

Ao Professor Doutor Sólon de Almeida Cunha, pela receptividade e interesse no tema deste trabalho e por todas as sábias ponderações e questionamentos sobre ele.

Agradeço à Faculdade de Direito da PUC/SP, em especial a todos os professores de graduação e pós-graduação, por todo o ensinamento e estímulo.

Agradeço a todos os advogados, estagiários e colaboradores da minha equipe, pessoas do bem, pessoas que admiro e confio, por acreditarem no meu trabalho e compartilharem o meu caminho profissional, citando aqueles que estão comigo há quase dez, doze anos, para representar a todos. Aos advogados: Marcia Mendes de Freitas, Darci Vieira da Silva, Aline Duran Galastre, Rodrigo Manfio Gasparini, Andréa Regina Martins, Antonio Vasconcellos Júnior, Guilherme N. Figueiredo, Marcus Vinicius Marques Paulino, Ivomar Finco Araneda. Aos colaboradores: Rosangela Correia Maximiliano, Daiane da Costa Monteiro e Soraya Aparecida Batista.

SUMÁRIO

PREFÁCIO

Assistimos a uma impressionante transformação no mundo em que vivemos e cada vez com uma velocidade maior, que nos impede de acompanhar as descobertas, as invenções e a evolução que os vários setores da atividade humana experimentam.

Na realidade, somos surpreendidos com notícias sobre a modificação de um sistema, um equipamento ou até mesmo de um conceito, em razão de avanços na pesquisa científica e tecnológica, que nos surpreende, pois sequer tínhamos notícia da existência do bem ou do sistema substituído.

O mundo do trabalho não é exceção neste constante vir a ser que nos cerca, também ocorrendo modificações a cada instante, quer quanto ao modo e tipo de produção, quer quanto às formas de prestação de serviços e seu correspondente pagamento.

Enquanto a Consolidação das Leis do Trabalho ainda cogita do pagamento de salário em dinheiro e no local de trabalho, conforme o art. 465, muitos empregados, mormente nos grandes centros populacionais, recebem seu salário por meio de crédito em conta bancária, daí derivando a necessidade de garantir um espaço de tempo para gerir seu orçamento, tendo acesso ao banco depositário. E estes problemas estão a todo instante, como tantos outros, a sofrer adaptações que melhor respondam aos interesses dos envolvidos.

Um dos recentes fenômenos no mundo do trabalho que causa surpresa e que tem atraído nossa atenção é a possibilidade dos empregados passarem a ter participação no capital as empresas, como alternativa de remuneração e atendendo às peculiaridades de certos segmentos do mercado de trabalho.

Por se tratar de situação recente, que o legislador ainda não contemplou, não existe uma disciplina legal específica e sua própria denominação ainda se prende à origem estrangeira.

Trata-se do denominado Plano de Concessão de Ações *(Stock Plans)*, que possui como espécie o Plano de *Stock Options*, que tem sido mais difundido entre nós, ainda que por ora de forma tímida.

O livro *Stock Options nas Relações de Emprego* da Advogada e Mestra em Direito *Viviane Castro Neves P. M. Dal Mas* é uma contribuição de valor para a compreensão deste novo instituto no Direito do Trabalho, com suas implicações nas relações contratuais, possibilitando ao leitor conhecer a matéria, alcançando os conceitos corretos e informações preciosas.

O Capítulo I ocupa-se do exame do conceito de *stock options*, da terminologia utilizada, seu histórico e as fases por que passou o instituto, desde sua origem.

Nos Capítulos II e III a Autora ocupa-se da importante questão dos fundamentos e fatores que levaram empresas e empregados à utilização do sistema em estudo, possibilitando ao leitor compreender o ambiente em que se insere a nova modalidade de pagamento, além das características das *stock options*, temas de difícil compreensão e que merecem um exame competente.

Segue-se a análise da classificação das *stock options*, pelo Capítulo IV, sob a ótica de sua natureza, de seu preço e também quanto à forma de concessão.

Os Capítulos V e VI voltam-se aos métodos de exercício das *stock options* e sua natureza jurídica, tema este decisivo para definir o tratamento jurídico-trabalhista que lhe deve ser emprestado, diante das repercussões no contrato de trabalho.

Após cuidar o Capítulo VII dos efeitos jurídicos da concessão do benefício aos empregados pelo empregador, o tema é estudado sobre a ótica do direito estrangeiro e brasileiro nos Capítulos VIII e IX, fornecendo amplo panorama da matéria ao leitor, que é completada pelos anexos que trazem jurisprudência e artigos publicados a respeito, de forma bastante oportuna.

A Autora, *Viviane Castro Neves P. M. Dal Mas*, é Advogada militante em São Paulo e Mestra em Direito do Trabalho pela PUC de São Paulo, possuindo sólida experiência na advocacia trabalhista e empresarial, fruto de seu esforço e dedicação pessoal, alicerçada por duas gerações da grande advocacia trabalhista de São Paulo, que tive a honra de conhecer e privar, o que a credencia a tratar com competência e segurança este tema novo para a grande maioria dos profissionais.

Foi aluna do Programa de Pós-graduação da Pontifícia Universidade Católica de São Paulo, onde tive a satisfação de ser seu professor em direito processual do trabalho e testemunhar seu extremo interesse pelos temas do Direito, sua combatividade e defesa de seus pontos de vista, sem nunca perder a forma fraterna e carinhosa com que trata todos a sua volta.

Viviane obteve brilhantemente seu título de Mestre em Direito, com a defesa segura e encantadora da dissertação apresentada e que resultou neste livro, que a LTr Editora oportunamente traz a público, para gáudio da comunidade jurídica.

Professor Doutor *Pedro Paulo Teixeira Manus*
Ministro do Tribunal Superior do Trabalho
Professor Titular de Direito do Trabalho da PUC-SP

INTRODUÇÃO

Na doutrina brasileira não há nenhuma obra específica sobre as *Stock Options*. Existem alguns artigos publicados e citações de conceituados doutrinadores da área do Direito do Trabalho sobre o tema, abordando em geral a discussão acerca da natureza jurídica das *Stock Options*.

Além dos artigos e das citações, foram encontrados alguns trabalhos no Brasil sobre as *Stock Options*, mas a maioria voltada para a questão da governança corporativa e nas áreas de gestão e de recursos humanos, com o objetivo de alinhar os interesses dos acionistas e analisar aspectos motivacionais da referida concessão, como a satisfação do empregado, a captação e retenção de talentos pelos empregadores.

Quanto mais se estuda sobre o tema, mais se verifica o quão pouco se sabe sobre o assunto. A maior dificuldade para o desenvolvimento deste trabalho foi propor uma sistematização das informações e referências obtidas.

Como o que se pretende é um trabalho específico, com a profundidade necessária para que se encontre conforto para apresentar posições fundamentadas sobre a natureza jurídica e os efeitos das *Stock Options* nas relações de emprego, uma abordagem conceitual minuciosa é imprescindível.

Verificam-se divergências sobre o conceito e as características das *Stock Options* e por estas razões, antes de analisar os artigos e citações publicados por grandes estudiosos do Direito do Trabalho, foram analisados dois livros estrangeiros, específicos sobre o tema, um Americano e outro Espanhol.

A primeira obra analisada foi "Pay me in Stock Options — Manage the options you have, win the options you want", escrita por *C. E. Curtis*, uma editora e escritora americana responsável pela área de finanças da *Forbes, Business Week, CNBC.com.* e *Oppenheimer & Co.*

Este livro trata na verdade de um Manual explicativo e exemplificativo direcionado para os trabalhadores que recebem as *Stock Options*. Por esta razão, não possui objetivo doutrinário e sim apresentar esclarecimentos e ensinamentos acerca da utilização do referido sistema para aqueles que recebem as *Stock Options*.

A segunda obra estudada foi "Las Stock Options — Un estúdio desde el punto de vista del Derecho del Trabajo y de la Seguridad Social", escrita por *Iciar Alzaga Ruiz*, professora titular de Direito do Trabalho e da Seguridade Social da Universidade Nacional de Educação a Distância na Espanha.

Esta, ao contrário da primeira, possui objetivo doutrinário, tanto do ponto de vista do Direito do Trabalho como do ponto de vista do Direito Previdenciário.

Foram analisados também alguns manuais internacionais das *Stock Options*, a maioria de grandes multinacionais, citando-se a título exemplificativo o do Citigroup, do qual faz parte o Citibank, que foi traduzido por tradutor juramentado para evitar qualquer distorção do seu conteúdo.

Durante as pesquisas realizadas ficou latente a preocupação em adentrar demasiadamente em conceitos econômicos e societários e "fugir" do objetivo principal da dissertação.

Por esta razão, se faz necessário pontuar, de forma concreta, o objeto, o principal objetivo deste estudo e o contexto no qual ele será analisado.

O objeto deste estudo são as *Stock Options* em *stricto sensu*. Os Planos de Concessão de Ações *(Stock Plans)* é gênero, do qual são espécies as *Stock Options*, as *Phantom Shares*, as *Restricted Stocks*, as *ESPP, ESOPS*, *Planos de distribuição gratuita de ações*, *Equity Pool* e os *Bônus de Subscrição*, dentre outras.

Este estudo limita-se à espécie: *Stock Options*.

A abordagem das demais espécies será superficial e com o intuito singelo de diferenciá-las.

A concessão das *Stock Options* será analisada apenas no que refere-se à relação de emprego, relação esta delineada pelos arts. 2º e 3º da Consolidação das Leis do Trabalho, na qual a prestação de serviços é habitual, onerosa, com subordinação jurídica e econômica, não sendo objeto a abordagem da concessão nas relações de trabalho *lato sensu*.

Registre-se que não há como deixar de se utilizar a língua inglesa como ponto de partida para os institutos estudados, uma vez que em algumas situações a tradução poderia acarretar uma distorção do sentido da palavra empregada ou do próprio instituto abordado.

Neste contexto, traça-se o objetivo principal deste trabalho: pesquisar, estudar e apresentar um posicionamento fundamentado sobre o conceito, as características, a natureza jurídica e os efeitos da concessão das *Stock Options* nas relações de emprego.

Em um segundo plano, este trabalho também se propõe a questionar as relações de emprego na atualidade, as insatisfações das partes, os efeitos da globalização, a conduta psicológica do empregador e do empregado diante dos avanços e retrocessos desta modalidade subordinada de relação de trabalho.

Por que é que empregados e empregadores estão constantemente procurando novas condições de trabalho?

Quem são as Empresas que concedem *Stock Options* para seus empregados e por que o fazem? Trata-se de um negócio, um contrato comercial ou mera modalidade de remuneração variável?

Por que a concessão de *Stock Options* se tornou relevante para empregadores e empregados? Modismo? Efeito da globalização? Meio de fraudar legislações enferrujadas e engessadas? Incentivo a longo prazo?

CAPÍTULO 1

HISTÓRICO, TERMINOLOGIA, CONCEITO E FASES DAS *STOCK OPTIONS*

1.1. HISTÓRICO

O fenômeno das *Stock Options* apareceu nos Estados Unidos na década de 50 e ganhou grande visibilidade após os anos 80, quando se tornou uma prática quase absoluta entre as empresas americanas de grande porte.

Na Europa os planos de *Stock Options* tiveram repercussão na década de 70, atingindo o seu auge na década de 90.

Tal prática tem por objetivos principais o alinhamento dos interesses entre executivos e acionistas na valorização da empresa, a captação e a retenção dos talentos.

Em seu discurso de abertura do Curso Acadêmico de 1959-1960, o então decano da Faculdade de Direito da Universidade de Harvard, professor dr. *D. Erwin Griswold*, se dirigiu ao Corpo Docente da referida Universidade nos seguintes termos:

> "As *Stock Options* começaram a fazer parte do estilo de vida americana. Estão se convertendo em um símbolo de *status* para os trabalhadores. Os altos executivos americanos contemplados com planos de opções de ações estão muito satisfeitos e os que não os tem desejam que as empresas lhes concedam (...) Agora, dito isto, creio que a situação está saindo do controle. O risco de conflito entre os interesses dos altos diretores e dos demais acionistas é bastante elevado. Os Planos de opções de ações favorecem todo tipo de conduta abusiva por parte da direção. E por isto eu estou convencido que este sistema retributivo não tem nenhum futuro em nossas empresas." (1)

(1) GRISWOLD, Erwin. *Are Stock Options out of hand? A problem of corporate management as well as corporate morality*, HBR, n. 6, 1960. p. 49 e 50, *apud* Icíar Alzaga Ruiz, *Las Stock Options. Un studio desde el punto de vista del Derecho del Trabajo y de la Seguridad Social*, p. 21.

Quatro décadas mais tarde, um estudo realizado no ano de 2000 pelo National Center for Employee Ownership (NCEO)(2) dos Estados Unidos afirma que 62 de cada 100 empresas americanas aprovaram e concederam Planos de Opções de Ações para seus empregados; que, no ano de 2000 mais de 11 milhões de trabalhadores foram retribuídos com opções de ações, contra apenas um milhão em 1992.

O auge do sistema de concessão de *Stock Options* efetivamente ocorreu nos Estados Unidos, entre os anos 2000 e 2001.

Carol E. Curtis inicia seu livro sobre as *Stock Options* com um capítulo intitulado: "We Have Seen the Future, and It is Stock Options", que quer dizer "Nós vimos o futuro, e ele é as *Stock Options*".

No referido capítulo, a editora e escritora da área financeira da *Forbes*, afirma que:

> "Bem-vindos à revolução das *Stock Options*. O mercado pode subir, o mercado pode cair, mas um tipo de ganho você vai ter. Atualmente (2001), aproximadamente 12 milhões de Americanos recebem *Stock Options*, o que corresponde a 1 em cada 10 empregados de empresas privadas."

Dos dados acima depreende-se que o ilustre professor dr. *Erwin Griswold* fez previsões à frente do seu tempo. O fenômeno das *Stock Options* foi objeto de inúmeras controvérsias, mas a sua prática teve um crescimento espantoso. Os problemas, conforme alertado pelo conceituado professor americano, somente começaram a aparecer apenas 44 anos após o seu discurso.

Em 2004 um escândalo na esfera econômica abalou o mundo: o caso da ENRON, no qual se verificou que a diretoria da empresa manipulou os seus balanços contábeis para que, dentre outras conseqüências, o valor de mercado das suas ações subisse e os ganhos dos executivos que detinham as *Stock Options* fossem elevadíssimos, e como na época os valores pagos não eram lançados nas despesas, contabilmente a empresa também ficava ilesa.

Os escândalos afetaram as grandes corporações americanas, o que resultou na revisão da legislação, no que se refere às regras tributárias e contábeis aplicáveis às *Stock Options*.

Um exemplo das alterações ocorreu em julho de 2005, quando novas regras contábeis foram introduzidas nos Estados Unidos (FAS 123-R) e na Europa (IFRS 2), com o objetivo de exigir que as empresas contabilizassem os planos de *Stock Options* como despesa em seus demonstrativos de resultados.

Mas a maioria dos economistas, consultores e auditores entendem que o sistema das *Stock Options* não chegou ao fim, muito pelo contrário, apostam que a partir dos escândalos serão concedidas em larga escala, mas com os cuidados contábeis, fiscais, previdenciários e trabalhistas necessários.

---

(2) Organização sem fins lucrativos, fundada em 1981, cuja função principal é controlar os mecanismos ou instrumentos que favoreçam a participação dos trabalhadores nas empresas americanas públicas ou privadas, assim como para facilitar a informação objetiva e viável sobre os mesmos.

No Brasil, em face da globalização e das inúmeras empresas estrangeiras que possuem subsidiárias no País, os primeiros registros da concessão de *Stock Options* pelas empresas para empregados e administradores ocorreu na década de 80.

As empresas empreendedoras na concessão das *Stock Options* foram inicialmente as instituições bancárias internacionais e as empresas de tecnologia e informática.

1.2. TERMINOLOGIA

Stock Options, no sentido que é utilizado pelo Direito Estrangeiro e pela Economia Americana significa "opção de ações".

Os dicionários americanos e britânicos pesquisados são uníssonos ao definir:

a) *Stock:* Ações, participação acionária, estoque.

b) *Options:* Opções.

Uma tradução ao pé da letra poderia sugerir que *Stock Options* significa "opção de participação no estoque", como se o "estoque" fosse o patrimônio da empresa a ser fracionado.

Também se traduz como "opção de compra de ações", mas o termo mais usado é "opção de ações".

1.3. CONCEITO

1.3.1. Noções gerais sobre o mercado de ações

Antes de adentrar-se na análise do conceito das *Stock Options*, sugere-se abaixo alguns breves conceitos sobre o mercado de ações, estabelecidos pela Bovespa, que, uma vez visitados, irão auxiliar na compreensão e crítica de todo o trabalho.

Uma *companhia aberta* é aquela que coloca valores mobiliários em bolsas de valores ou no mercado de balcão.

São considerados *valores mobiliários:* ações, bônus de subscrição, debêntures, partes beneficiárias e notas promissórias para distribuição pública.

Ações são títulos nominativos negociáveis que representam, para quem as possui, uma fração do capital social de uma empresa. Os títulos são emitidos com a finalidade de captar recursos. Quem adquire a propriedade de uma ação torna-se sócio da empresa.

As ações podem ser de dois tipos: ordinárias e preferenciais.

As *ações ordinárias (NOs)* são as que concedem àqueles que as possuem o poder de voto nas assembléias deliberativas da companhia.

As *ações preferenciais (PNs)* oferecem preferência na distribuição de resultados ou no reembolso do capital em caso de liquidação da companhia, não concedendo direito de voto, ou restringindo-o.

Bônus de subscrição são títulos nominativos negociáveis que conferem ao seu proprietário o direito de subscrever ações de capital social da companhia emissora, nas condições previamente definidas.

Debêntures são títulos nominativos negociáveis representativos de dívida de médio a longo prazo contraída pela companhia perante o credor, neste caso chamado debenturista.

Derivativos são títulos que derivam seu valor de um ativo-objeto. Os derivativos permitem a montagem de estratégias de investimentos flexíveis, como alavancagem de posições, limitações de prejuízos e arbitragem de taxa de juros.

Os *dividendos* correspondem à parcela de lucro líquido distribuída aos acionistas, na proporção da quantidade de ações detida, ao fim de cada exercício social. A companhia deve distribuir, no mínimo, 25% de seu lucro líquido ajustado.

As *Operações na Bolsa de Valores* podem ser efetuadas nos seguintes mercados:

a) À vista, no qual os compradores e vendedores estabelecem um preço para um lote de ações a ser entregue no prazo determinado;

b) A termo, no qual as partes fixam um preço para a liquidação físico-financeira da ação em prazo futuro determinado;

c) De opções de compra ou venda, no qual as partes negociam o direito de comprar/vender a ação a preço e prazo futuro determinado;

d) Futuro, no qual ocorre a compra ou venda de ação a um preço acordado entre as partes para liquidação em data futura específica.

Mercado de opções é o mercado em que são negociados direitos de compra e venda de um lote de ações, com preços e prazos de exercícios predeterminados. O investidor pode ou não exercer o direito da opção, dependendo de como for a evolução do preço do ativo.

1.3.2. O conceito de Stock Options

Após o pano de fundo acima apresentado, cita-se a seguir o conceito de *Stock Options* apresentado por doutrinadores e estudiosos, estrangeiros e nacionais.

Carol E. Curtis[(3)], obra americana utilizada como uma das bases do presente estudo, contém um item específico que intitula "O que é a opção de ações ?" (What is a *Stock Options*?)" no qual conceitua que:

> "A *Stock Options* gives you the opportunity, but not the obligation, to buy the stock of a company — almost certainly the one for which you work — at a fixed price for a certain number of years in the future, regardless of changes in the price of the stock. This price is often called the grant price, but it can also be called the exercise price or the stricke price.

---

(3) CURTIS, Carol E. *Pay me in Stock Options:* manage the options you have, win the options you want, United States of America: John Wiley & Sons, Inc. Published simultaneously *in* Canada, 2001, p. 21.

Your hope is that the share price will go up, and that you will be able to exercise the option (buy the stock) at your lower grant price, then sell the stock at a higher — hopefully much higher — market price. Your company can — and probably has — set limits on when your options can be exercised. These are called *vesting restrictions*, and they typically require that you work for the company for a minimum number of years (three to five, in most cases) before part or of your options can be exercised. There are also *lockup agreements*, which can prevent you from selling your shares. In some cases, options can be exercised only if certain financial targets are met. These options are sometimes called *performance options*."

Necessária a transcrição acima, para que a tradução para a língua portuguesa seja interpretada pelo leitor à luz do texto original:

"As opções de ação fornecem ao beneficiário a oportunidade, mas não a obrigação, de comprar as ações de uma empresa — possivelmente a que o beneficiário trabalha — por um preço fixo, por certo número de anos no futuro, apesar das mudanças no preço da ação. Este preço é freqüentemente chamado de *preço de concessão (grant price)*, mas pode ser chamado também *preço de exercício (exercise price)* ou ainda *preço de greve (strike price)*.

O beneficiário deve esperar que o preço da ação suba, e então poderá efetuar a opção (comprar a ação) no seu mais baixo preço de concessão, e vender a ação pelo mais alto — com um pouco de otimismo, muito mais alto — preço de mercado. A empresa concessionária que concedeu as ações pode ter — e provavelmente tem — limites fixados enquanto a opção pode ser exercida. Estes limites são denominados *aquisições restritas*, e elas geralmente requerem que o beneficiário trabalhe para a empresa por um número mínimo de anos (três a cinco, na maioria dos casos) a fração primária, ou até mesmo até todas as suas opções poderem ser exercidas. Existem também *acordos fechados*, os quais podem impedir o beneficiário de vender suas quotas. Em alguns casos, as opções somente podem ser exercidas se algum objetivo financeiro for encontrado. Essas opções, às vezes, são chamadas de *opção de desempenho*."

Icíar Alzaga Ruiz também conceitua as *Stock Options*:

"As *Stock Options* são contratos que conferem ao seu titular, gratuitamente ou por um preço determinado, o direito de adquirir ou subscrever um determinado número de ações da concessora ou de uma das empresas do mesmo grupo econômico, durante um prazo determinado (opção americana) ou em uma data concreta (opção européia) e, eventualmente, sempre que se cumpram certas condições adicionais."(4)

(4) RUIZ, Icíar Alzaga. *Op. cit.*, p. 43.

Alan Greenspan, economista, Presidente do Federal Reserv Bank of United States, afirma que:

"A stock option is a unilateral grant of value from existing shareholders to an employee. It is a transfer through the corporation of part of the market capitalizacion owned by existing shareholders. The grant is made to acquire the services of the employee, and presumably has a value equivalent to the cash or other compensation that would have been required to obtain those services — what economists call the opportunity cost of employing those services. That value is obviously a function of when, and under what conditions, the option can be exercised. To assess the cash equivalent of the option, only the market value of the option are not relevant to the exchange of labor services for value received, just as future changes in the purchansing power of cash received for services rendered do not affect the firm's compensation costs."(5)

Permite-se a tradução do texto acima:

"Uma opção acionária é uma concessão unilateral de valor de acionistas para um empregado. É uma transferência feita pela corporação de parte da capitalização de mercado possuída por acionistas. A concessão é feita de modo a adquirir os serviços do empregado, e presumivelmente tem um valor equivalente ao dinheiro ou a outra forma de compensação que seria exigida na obtenção desses serviços — o que os economistas chamam de ocasião válida para se empregar esses serviços. O valor é obviamente uma função de quando e sob quais condições, a opção pode ser exercitada. É necessário avaliar o valor equivalente à opção, pois somente o valor de mercado não é apropriado para permuta de serviços prestados em relação ao valor recebido, da mesma maneira que mudanças futuras no poder aquisitivo do dinheiro recebido para os serviços prestados não afetam os custos de compensação da empresa."

Diogo Leite de Campos(6), catedrático da Faculdade de Direito de Coimbra, em trabalho realizado sobre o regime jurídico das *Stock Options* no ano de 2000, com abordagem tributária, assim define o referido instituto:

"As opções de compra de ações constituem um sistema de complemento retributivo dependente do preço de mercado das mesmas, dirigido a administradores, diretores e outros quadros superiores de sociedades. Integram normalmente o pacto remunerativo atribuído a profissionais dotados de alta competência e produtividade, como um meio de os interessar nos resultados da empresa. Os objetivos de uma gestão eficaz e competitiva, nos quadros do modelo anglo-americano de governança, implicam para os gestores das sociedades cotadas nas bolsas os mais variados planos de incentivo fundados na

---

(5) GREENSPAN, Alan. Stock Options and related matters. In: *Revista de Direito Bancário, do Mercado de Capitais e da Arbitragem*. Ano 5, jul./set. de 2002. São Paulo: Editora Revista dos Tribunais, 2002. p. 13.

(6) CAMPOS, Diogo Leite de. *O regime jurídico das opções de ações*.

concessão de vantagens patrimoniais construídas sob programas ou esquemas opcionais, ligados a incentivos remuneratórios vinculados à própria cotação na Bolsa das ações da empresa que essas pessoas gerem. Trata-se de prêmios compensatórios do esforço pessoal dos seus beneficiários ou, pelo menos, propriciadores ou potenciadores de uma gestão ótima ou maximizadora do valor das ações. Os autores apontam como objetivos principais das '*Stock Options*' os seguintes: inclusão das '*Stock Options*' entre as modalidades de compensação econômica dos administradores das sociedades de capital (eficiência retributiva); eventual função fidelizadora das '*Stock Options*' nos conselhos de administração das sociedades cotadas."

Para a ilustre doutrinadora *Alice Monteiro de Barros*[(7)], as *Stock Options* "constituem um regime de compra ou de subscrição de ações" o qual permite que os empregados comprem ações da empresa em um determinado período e por preço ajustado previamente. Se o valor da ação ultrapassa o preço, o beneficiário obtém o lucro e, em conseqüência, duas alternativas lhe são oferecidas: revender de imediato a mais valia ou guardar os seus títulos e se tornar um empregado acionista.

Rodrigo Moreira de Souza Carvalho[(8)] conceitua os planos de '*Stock Options*' como a concessão futura do direito de opção de compra de ações a destinatários específicos (administradores, empregado ou prestadores de serviços da companhia ou de suas subsidiárias), que possuem a prerrogativa de exercer um direito de aquisição de ações, mediante o pagamento de um preço prefixado.

No mesmo artigo, *Rodrigo Moreira de Souza Carvalho* esclarece que:

"No plano de *Stock Options* o empregado, após um prazo de carência determinado pelo contrato, pode, se quiser, exercer o direito de compra daquelas ações e pode delas dispor, comprando-as e negociando-as posteriormente. Como conseqüência direta das variações do mercado, no momento da negociação, as ações poderão ter um valor maior, igual ou até mesmo menor que o valor de emissão e o empregado, titular do direito de opção de compra, conseqüentemente, pode auferir ou não algum benefício com a negociação delas."

Registra ainda o ilustre estudioso que:

"No ato da assinatura no '*Stock Option Plan*', o empregado não possui automaticamente o direito de comprar ações de sua empregadora ou da controladora de sua empregadora. O que o empregado possui, na verdade, é uma mera expectativa de direito, que só vai se materializar em direito subjetivo após o final do prazo de carência fixado pelo plano."

---

(7) BARROS, Alice Monteiro de. *Curso de direito do trabalho*. São Paulo: LTr, 2005, 1. ed., p. 735.

(8) CARVALHO, Rodrigo Moreira de Souza. *Natureza jurídica das verbas recebidas por empregados, através de planos de opção de compra de ações (Stock Options Plans) à luz do Direito do Trabalho Brasileiro*. São Paulo: Artigo da Lex Inform., dez. 2001.

Para a dra. *Márcia Cristina Rafael*[(9)]: "*Stock Options* significa plano de opções de ações, sendo, na verdade, uma opção que o empregado possui de comprar ações por preços abaixo do valor de mercado e vendê-las após o período de carência. Não há previsão em nossa legislação dessa figura."

O professor e doutrinador *Sérgio Pinto Martins*[(10)], no artigo "A natureza jurídica dos planos de opções de ações no direito do trabalho ("employee *Stock Options* plans") cita o conceito de *Stock Options* obtido no Barron's Dictionary of Legal Terms, segundo o qual o termo '*Stock Options*' significa "a outorga a um indivíduo do direito de comprar, em uma data futura, ações de uma sociedade por um preço especificado ao tempo em que a opção lhe é conferida, e não ao tempo em que as ações são adquiridas".

O prof. *Sérgio Pinto Martins*, no mesmo artigo, assim define as *Stock Options*:

> "*Stock option* é a possibilidade de o empregado ter a opção de aquisição de ações da empresa por um preço em média abaixo do preço do mercado e de vendê-las com lucro.
>
> Esse sistema nasceu nas corporações americanas e se espalhou pelo mundo.
>
> O benefício era concedido a altos executivos. Foi estendido a outros funcionários da corporação com o objetivo de evitar que a companhia perdesse bons profissionais para outras empresas.
>
> É conhecido o caso de Lee laccoca, que aceitou dirigir a Chrysler com um salário de US$ 1,00 por ano e mais opções de compra de ações.
>
> O empregado tem direito a um lote de ações. Se ele continuar na empresa por um certo período, ganha o direito de comprar as ações pelo preço do dia da reserva e vendê-las pelo valor atualizado. É uma participação na valorização futura das ações da empresa.
>
> O empregado não pode dispor de imediato das ações. O prazo costuma ser de três, cinco ou 10 anos. Caso ele deixe a empresa antes disso, perderá o direito.
>
> O direito de opção costuma ser exercido apenas se o valor da ação for superior ao valor estabelecido quando da opção. Do contrário, o empregado teria prejuízo."

Mauro Silveira, jornalista, em matéria escrita em setembro de 2000 para a revista "Você SA." para definir o que são as *Stock Options* citou o seguinte exemplo:

> "A empresa concede ao funcionário o direito às ações com preço definido e prazo determinado de carência *(vesting)* para a compra. Por exemplo: o profis-

---

(9) ZENNI, Alessandro Severino Váller; RAFAEL, Márcia Cristina. *Remuneração e jornada de trabalho*. Curitiba; Juruá, 2006.

(10) MARTINS, Sérgio Pinto. Natureza do Stock Option no Direito do Trabalho. In: *Suplemento de Legislação, Jurisprudência e Doutrina*, ano XXIV n. 11, nov. de 2005 da Thomson IOB, p. 3.

sional passa a ter direito a um lote de 10.000 ações, cada uma valendo 1 real. Ou seja; ele tem a opção de compra no valor de 10.000 reais em ações. Se após o período de *vesting* cada uma delas estiver valendo 10 reais, significa que agora o mesmo lote vale 100.000 reais. Ele faz, então, a opção de compra pelo preço antigo de 10.000 reais, vende as ações no ato por 100.000 reais e embolsa a diferença (*spread*) de 90.000 reais."

Após uma reflexão sobre os conceitos acima, sugere-se o abaixo, que é feito à luz do direito societário brasileiro, sem ingressar na questão da sua natureza jurídica, como fazem alguns doutrinadores:

> "As *Stock Options* (opções de ações) são espécies do gênero *Stock Plans* (plano de ações), e trata-se da concessão feita pelas sociedades anônimas de capital aberto aos seus empregados, administradores ou prestadores de serviços, da oportunidade de exercer o direito de comprar e vender suas ações ou ações de empresas do mesmo grupo econômico, dentro do limite do capital autorizado.
>
> O referido direito de exercer a compra e a venda de uma determinada quantia de ações deverá ser objeto de um 'Plano de Opção de Ações', devidamente autorizado pela Assembléia Geral da Companhia e no qual constará no mínimo: a carência que deverá ser respeitada para o exercício do direito de comprar as ações (*vesting*), o valor de emissão das ações para compra (*valuation*) e o prazo máximo em que poderá ser realizado o exercício (*expiration*)."

Para que o conceito acima seja melhor interpretado, verificam-se, no corpo deste trabalho, as fases, as características universais, as classificações e os métodos de exercícios das *Stock Options*.

1.4. FASES

Os Planos de Concessão de *Stock Options* podem se dividir em várias fases.

Via de regra, a instituição dos Planos de *Stock Options* trata de ato potestativo do empregador. Exceção à regra se verifica quando tal concessão se configura como condição de trabalho, pactuada pelas partes, no ato da contratação.

Por outro lado, por se tratar de concessão de uma opção, o empregado terá o direito de exercer a opção, mas não a obrigação de fazê-lo, o que significa que a concessão pode limitar-se à primeira ou a algumas das fases do Plano de *Stock Options*.

A seguir as principais fases dos Planos:

1.4.1. Concessão da opção

A primeira fase é a concessão da opção, no qual deve ser formalizado um Plano de Concessão de *Stock Options*.

Muitas empresas instituem o Plano de Concessão de *Stock Options* estabelecendo regras gerais, e as específicas são estabelecidas em um Contrato ou uma Notificação de Concessão, individualmente formalizado com o beneficiário.

O Plano deve ser aprovado em Assembléia e constar no mínimo:

a) quem tem poderes para conceder as *Stock Options*;

b) quem é elegível para recebê-las;

c) se a concessão é gratuita, onerosa ou mista;

d) quais os métodos de exercício das opções admitidos pelo empregador.

Existem outras particularidades que podem estar contidas no Plano de Concessão:

e) Se há ou não carência e qual o período a ser observado;

f) Se o direito ao exercício está ou não vinculado a cumprimento de metas pessoais e/ou coletivas ou ainda de cumprimento de metas corporativas, pela própria empresa concessionária.

1.4.2. Possibilidade de exercício da opção de compra

Após formalizados os Planos, Contratos ou Notificações e concedidas as *Stock Options* a um determinado trabalhador, inicia-se uma segunda fase: a da possibilidade de exercício da opção de compra.

Nesta fase, a carência ou quaisquer outras obrigações já foram exauridas e o trabalhador já tem o direito de exercer a opção de compra das ações.

É nesta fase que o trabalhador irá verificar se tem ou não interesse em optar pelo direito de exercício da opção, comprando o total ou parte das ações respectivas.

Evidente que, lhe sendo facultativo o exercício, somente irá fazê-lo se vislumbrar vantagens pecuniárias.

1.4.3. Compra das ações

A terceira fase é o da compra das ações. O beneficiário irá verificar se irá e se pode efetivamente comprar as ações e ficar com elas, ou se irá utilizar-se de outros métodos de exercício.

Deverá verificar se há prazo de expiração das opções, pois uma vez ultrapassado o mesmo, o beneficiário da concessão perderá o direito de exercer a opção de compra.

1.4.4. Venda das ações

A quarta fase é o da venda das ações.

Nesta fase o beneficiário também irá verificar qual o método autorizado para a venda das ações.

Na maioria dos Planos de Concessão, verifica-se que a 3ª e a 4ª fases ocorrem juntas, como se fosse uma única fase. Trata-se do método de exercício de compra e venda no mesmo dia, que será esclarecido em tópico próprio.

FUNDAMENTOS E FATORES QUE IMPULSIONAM EMPREGADOS E EMPREGADORES A UTILIZAR O SISTEMA DAS *STOCK OPTIONS*

"Os seres humanos são eternos insatisfeitos."

Trata-se de uma frase comum, piegas, mas que traz uma verdade inquietante.

No que refere-se às condições de trabalho, Empregados e Empregadores, como seres humanos que são, também são eternos insatisfeitos.

Muitos estudos realizados por sociólogos pontuam que a insatisfação se manifesta de forma cíclica. O que é bom hoje, não será amanhã e quando deixar de existir voltará a ser o objeto de desejo do hoje.

O mesmo ocorre com os sujeitos da relação de emprego. As condições de trabalho estipuladas pelas partes acabam por sofrer inúmeras alterações, porque as partes contratantes nunca estão satisfeitas.

É desta forma por questões psicológicas, sociológicas, motivacionais, mercadológicas, econômicas e financeiras.

Assim é, deve ser e assim sendo é que se tem, no Direito do Trabalho, a riqueza de conteúdo para os estudiosos. Ao se estudar as relações de emprego, também se estuda as relações entre pessoas, o universo do ser humano e como ele se relaciona em comunidade.

As relações de emprego não são estáticas. Que bom. A capacidade de aprender, reaprender, desaprender... também deve fugir do estático, do simples. A complexidade enriquece.

Vejamos a conduta psicológica dos empregados por exemplo. Há séculos o que se buscava era o sinalagma trabalho/salário. Depois o que se pretendia era acrescer ao binômio a estabilidade. Então a estabilidade passou a ser questionada, confundida com estagnação, acomodação e procuraram-se relações de trabalho sem subordinação jurídica. Quantos "consultores" e "empresários" iniciaram suas carreiras à partir desta insatisfação!

Mas, quando os trabalhadores conquistaram a "liberdade", muitos começaram a questionar a instabilidade que esta "liberdade" proporciona e voltaram a sonhar com o simples: trabalho subordinado = salário garantido no final do mês.

O mesmo ocorre com a forma de contraprestação pecuniária recebida. O salário fixo passou a ser desinteressante porque não tem por finalidade o estímulo à produtividade. Começou a "era" da remuneração variável. Será ?

Sugere-se: recentemente a fase era propícia à remuneração variável, mas há indícios do retorno ao salário fixo como única forma de remunerar o trabalhador.

Já de início se verificam duas razões para uma nova mudança:

- a remuneração variável passou a gerar insegurança;
- a remuneração variável deixou de ser uma "novidade motivacional";

Destas reflexões chega-se a outras:

- outras formas de remuneração variável estão sendo estudas, instituídas e aplicadas;
- além do estímulo a curto prazo (remuneração variável) deverão ser instituídos estímulos a longo prazo, para a satisfação contínua e por um maior lapso temporal;
- as empresas se tornarão, além de empregadoras, um balcão de negócios, oferecendo para a sua comunidade (empregador e empregados) oportunidades de auferir lucros com o crescimento da empresa (Quais os limites entre o negócio e a relação de emprego?).

Somam-se aos tópicos acima as considerações abaixo:

- cada relação de emprego encontra-se em uma fase desta evolução;
- cada pessoa da relação de emprego também encontra-se, individual e subjetivamente, em uma fase deste ciclo.

Dentro deste cenário é que se estuda os fundamentos e fatores que impulsionam empregados e empregadores ao sistema das *Stock Options*.

Com a finalidade de proporcionar o mínimo de sistematização, sugere-se abaixo, de forma sucinta, uma análise do perfil e dos fatores que impulsionam o estabelecimento de novas condições de trabalho.

2.1. O EMPREGADOR

É importante que se faça uma reflexão sobre o perfil do empregador de quem se está falando.

A empresa, na qualidade de empregador, é feita de pessoas. O empregador, o dono do negócio, o "chefe", o presidente, o superintendente, a diretoria, os acionistas...

A empresa emissora de *Stock Options* não é o "Bar do Zé" e tal afirmação não possui nenhum cunho discriminatório.

Não é porque, para conceder as *Stock Options*, a empresa precisa ser uma sociedade anônima com capital aberto.

Já com esta observação, fixa-se o perfil do empregador emissor das *Stock Options*: os acionistas e administradores com poderes de voto das sociedades anônimas de capital aberto.

São estas as pessoas que irão votar, em Assembléia, pela utilização ou não de um Plano de Concessão de *Stock Options* e pelas regras que serão fixadas no referido Plano.

Por que o fariam?

Apontam-se os fatores abaixo, sem o intuito de esgotar todas as razões que os impulsionam:

a) induzir os executivos a agir de acordo com os melhores interesses dos acionistas, suavizando o conflito de interesses entre ambos;

b) capitação de talentos;

c) estímulo para a retenção dos talentos;

d) estímulo para aumentar a produtividade e rentabilidade dos empregados e da própria empresa;

e) efeito da globalização;

f) gerar negócios para os empregados, também considerados uma comunidade específica da Empresa;

g) fundamento Econômico: aspectos societários, contábeis, tributários e fiscais vantajosos.

2.2. *O EMPREGADO*

Qual o perfil do empregado que recebe as *Stock Options*?

Existem empresas que concedem *Stock Options* para todos os seus empregados, independentemente do nível hierárquico que ocupam dentro do seu organograma, mas tal ocorrência, infelizmente, é rara.

O mais usual é a concessão de *Stock Options* apenas para os executivos: presidentes, vice-presidentes, diretores e gerentes.

Luiz Carlos Amorim Robortella, publicou um trabalho forense em 2001 na "Revista de Direito do Trabalho"[(1)] sobre as *Stock Options*, no qual aborda o perfil do empregado beneficiário de tal sistema. Trata-se de uma peça defensiva apresentada pelo empregador, em uma reclamação trabalhista na qual o reclamante pretende a integração das *Stock Options* recebidas em sua remuneração para fins de pagamento das verbas contratuais e rescisórias, dentre outros requerimentos. Do referido trabalho, transcreve-se:

(1) ROBORTELLA, Luiz Carlos Amorim. Plano de Compra de Ações (*Stock Options*) mantido por grupo multinacional e concedido a alto executivo. Trabalhos Forenses. In: *Revista do Direito do Trabalho*, n. 101, p. 215.

"A finalidade do direito do trabalho não é construir fortunas e muito menos tutelar empresários, acionistas de capital ou homens de negócios.

A inicial tenta, atrevidamente, trazer para o interior da relação de emprego atos jurídicos praticados pelo reclamante na qualidade de investidor em ações de sociedade estrangeira no mercado internacional, os quais soam estranhos à legislação tutelar do trabalhador.

O direito do trabalho foi elaborado a partir do século XIX, com o idealismo e sofrimento de várias gerações, para a proteção da parte economicamente fraca nas relações de produção. Esse continua o seu princípio fundamental, inclusive dogmaticamente atualizado em suas técnicas, em face de importantes modificações na realidade do mercado de trabalho, que se mostra cada vez mais heterogêneo, como ensina *Edoardo Ghera* ("La cuestión de la subordinación entre modelos tradicionales y nuevas proposiciones", Debate Laboral, n. 4, S. José da Costa Rica, 1989. p. 48-54).

É cada vez mais inaceitável a proteção trabalhista homogênea, que não reconhece as diferenças entre os diversos prestadores de serviços.

(...)

As efetivas diferenças entre trabalhadores devem ser levadas em conta pelo sistema jurídico e pelo magistrado. Só assim se recuperará a essência dogmática do direito do trabalho, que é a tutela dos desprotegidos em face do poder da empresa capitalista.

A generalidade da proteção, sem distinção entre seus destinatários, pode levar o direito do trabalho à perda de sua racionalidade como ordenamento protetor de situações de carência econômica e debilidade contratual.

Um executivo, com elevado grau de independência e plena capacidade de negociação de seu contrato de trabalho, não pode ser tratado como um humilde trabalhador."

O trabalho forense cujo trecho permitiu-se transcrever acima foi elaborado e publicado antes da ampliação da competência da Justiça do Trabalho, conferida pela alteração do art. 114 da Constituição Federal através da Emenda n. 45 à Carta Magna.

Por esta razão, evidente que, no que se refere à finalidade do Direito do Trabalho e competência da Justiça Especializada do Trabalho, não há que propiciar, para este trabalho, uma reflexão específica.

Mas há que se ressaltar do raciocínio do ilustre advogado, o perfil do empregado que recebe as *Stock Options*.

O perfil do executivo que recebe *Stock Options* não é a do trabalhador de chão de fábrica. Ao contrário, na maioria dos casos, trata-se de um empregado que exerce indiscutível cargo de confiança, com amplos poderes de mando e gestão, nos termos do inciso II do art. 62 da CLT. São, na maioria dos casos, pessoas com grau de instrução superior, pós-graduados, com mestrado, doutorado, que falam vários idiomas, alguns já trabalharam em outros países, saem de um emprego e vão para outro através de *headhunters* e recebem uma remuneração elevada.

Em contrapartida, exercem cargos de grande repercussão na Empresa, com inúmeras responsabilidades, não possuem horário para entrar, para sair, para almoçar, até porque exercem cargo de confiança e acabam por trabalhar de 12 a 16 horas por dia. Geralmente viajam com freqüência para o exterior, ficam privados de um convívio familiar mais próximo e habitual, trabalham sob pressão, assumem riscos em nome do empregador, inclusive podendo responder civilmente e criminalmente em seu nome.

Corrobora-se com o entendimento do advogado citado no que se refere ao tratamento que deve ser dado à questão pelos magistrados: não há que se dar tratamento igual aos desiguais.

Mas tal posição não significa que os altos executivos não estão sob o manto da proteção da legislação trabalhista.

O Direito do Trabalho mudou e a natureza dos conflitos está cada vez mais ampla e complexa.

Os referidos trabalhadores não podem ficar à margem da proteção do Direito do Trabalho, até porque a relação continua sendo subordinada, o que torna questionável a "bilateralidade" apontada nos contratos.

Existem garantias constitucionais que vão além da discussão acerca do perfil do empregado envolvido, como a proteção ao salário, a irredutibilidade salarial, a irrenunciabilidade a direitos e a isonomia salarial.

Mesmo que as partes contraentes de um contrato de trabalho subordinado optem por estipular que a contraprestação pecuniária será paga apenas através de *Stock Options* e que tal pagamento não possui natureza salarial, uma vez caracterizada tal natureza e buscada a tutela jurisdicional, a decisão, no que se refere à natureza jurídica do título concedido, independerá da vontade das partes.

Até porque, bilateral ou não a contratação, em se tratando de relação de emprego a característica da subordinação jurídica continua presente.

Se a legislação aplicável está correta ou não é outro assunto, outra reflexão.

Destaca-se também o interesse de terceiros, tais como a Previdência Social, o Sistema Fundiário, a Receita Federal, o Banco Central, que o Direito do Trabalho também deve proteger, mesmo que indiretamente.

Por estas razões, há que se registrar que o perfil do empregado que recebe *Stock Options*, via de regra, é diferenciado, mas ele merece a proteção do Direito do Trabalho e é por esta razão que se faz este trabalho.

Por que o empregado, com este perfil executivo, quer receber as *Stock Options*?

Sugere-se os motivos abaixo;

a) alinhar-se com os acionistas;

b) auferir lucros significativos;

c) ter um tratamento isonômico com relação aos empregados de outros Países

E os empregados que não exercem cargos de confiança, que não estão sob o manto do inciso II do art. 62, não fazendo parte da media chefia, da chefia, gerencia ou diretoria da empresa?

Sugere-se os motivos a seguir articulados:

a) sentir-se parte;

b) auferir lucros significativos;

c) ter um tratamento isonômico com relação aos empregados de outros Países e com relação aos empregados que exercem cargos de chefia (seus superiores hierárquicos) na Empresa.

CAPÍTULO 3

CARACTERÍSTICAS DAS *STOCK OPTIONS*

As *Stock Options* possuem características que lhe são inerentes, independentemente do País em que são concedidas.

Uma análise das referidas características irá auxiliar na compreensão do fenômeno com maior profundidade.

A seguir uma verificação de cada uma delas.

3.1 *CARÊNCIA* (VESTING)

Trata-se do prazo para obtenção da elegibilidade do exercício das opções.

As opções não investidas possuem somente o potencial para uma recompensa futura, o que quer dizer que, enquanto não passar o prazo para o exercício do direito de compra das ações existe apenas uma expectativa de direito e não um direito já adquirido.

As regras relativas às carências para o exercício da opção de ações podem aparecer no contrato, ou em seu plano de opção acionária.

A programação da carência varia bastante, dependendo dos objetivos da companhia para este plano de opção acionária. Se as opções significam um prêmio por desempenho passado, faz-se uso de uma carência imediata. Se a opção tem a intenção de estimular o desempenho, um programa de carência mais longa pode ser mais apropriado. Se as opções significam uma recompensa por lealdade e permanência à companhia, um programa de carência graduado seria lógico.

A carência é normalmente encerrada em uma das quatro formas básicas. Elas estão resumidamente explicadas abaixo:

3.1.1. Modalidades de carência

3.1.1.1. Carência direta (Straight vesting)

Neste caso, a mesma porcentagem de opções são executadas a cada ano.

Por exemplo, se o beneficiário tiver quatro anos de carência e opção para comprar 2.000 quotas de ação, poderá exercer o direito de comprar e vender 500 opções por ano, ou seja, 25% (vinte e cinco por cento) a cada ano.

Carol E. Curtis, em obra já citada, afirma que esta é a carência utilizada pelo Melon Bank no plano concedido para seus empregados, citando também, que a Pioneer Natural Resorces, uma companhia de exploração de óleo e gás concedeu *Stock Options* para todos os seus 1.000 empregados, no qual a carência era direta de 3 anos, e o exercício poderia ser realizado 1/3 cada ano.

3.1.1.2. *Carência com data pré-fixada* (Cliff vesting)

A carência com data pré-fixada *(cliff vesting)* é a forma mais utilizada nos países europeus, o que não quer dizer que nos Estados Unidos e em outros países a mesma também não ocorra.

Neste tipo de carência, não há um lapso temporal a ser observado e sim uma data preestabelecida e fixada no plano de concessão. O empregado recebe as *Stock Options* e no plano consta a data em que poderá exercer o direito de compra e venda, via de regra, de uma vez só.

Carol E. Curtis cita como exemplo o programa usado pela AT&T, famosa e gigantesca empresa de telecomunicações. É concedido aos empregados as *Stock Options*, com *cliff vesting* de três anos, significando que, se a concessão ocorrer no dia 1º.1.2001, os empregados poderão exercer o direito de opção de compra e venda da totalidade das ações no dia 1º.1.2004.

3.1.1.3. *Carência de desempenho* (Performance vesting)

Nesta modalidade de carência, os empregados poderão exercer o direito de opção de compra e venda das ações se e quando a empresa alcançar um objetivo definido.

O objetivo pode ser o preço de venda. Por exemplo: a empresa concede aos seus empregados as *Stock Options* no valor de emissão de R$ 1,00 cada e consignam no plano, contrato ou termo de concessão, que a opção de compra (pelo valor da emissão) e venda (pelo valor de mercado) somente poderá ser exercida quando o valor de mercado atingir R$ 5,00 reais para cada ação. Neste exemplo, evidente que o objetivo da empresa cessionária seria que os empregados contemplados tivessem lucro e que tal fato somente irá ocorrer quando as ações da empresa estiverem em um patamar elevado.

Carol E. Curtis exemplifica que este método foi usado pela Conoco, uma grande e integrada companhia de óleo que é uma subsidiária da Du Pont. Anos atrás, em 1991, todos os empregados receberam 100 opções cada um. Todas as opções foram investidas quando o preço das ações chegou a um lucro de 75 doláres, cada quota, por cinco dias consecutivos.

Um outro exemplo seria convencionar a carência ao IBITIDA, Resultados ou Lucro da empresa. Os empregados contemplados com as *Stock Options* somente poderiam exercer o direito de compra e venda quando a empresa apresentasse um determinado número pré-fixado a um destes índices.

3.1.1.4. *Carência em Passos* (Step vesting)

A carência em passos *(step vesting)* é muito similar à carência direta *(straight vesting)*. A diferença é que o percentual é diferente ano a ano.

Cita-se o exemplo abaixo do empregado que recebe 2.000 *Stock Options* no ano de 2000, sendo-lhe permitido exercer o direito de comprar as ações conforme abaixo:

- em 2001, ele pode exercer 40% (quarenta por cento), 800 (oitocentas) opções;
- em 2003, 25% (vinte e cinco por cento), 500 (quinhentas) opções;
- em 2004, 20% (vinte por cento), 400 (quatrocentas) opções e
- em 2005, 15% (quinze por cento), 300 (trezentas) opções.

Carol E. Curtis cita que o San José National Bank usa a carência em passos. Os empregados do referido banco recebem periodicamente concessões baseadas em seus níveis de classificação dentro do banco. As opções são investidas em quatro anos, com 40% (quarenta por cento) exercitáveis no primeiro ano, e 20% (vinte por cento) nos demais.

3.1.2. *Análise comparativa entre a carência nas* Stock Options *e a cláusula contratual de permanência*

Da análise acima, emerge uma questão: se o objetivo do empregador for exclusivamente a captação e retenção de um talento, por que utilizar-se das *Stock Options* ao invés de estabelecer, contratualmente, cláusula de permanência com pagamento de bonificação proporcional?

Regiane Terezinha de Mello João[(1)] esclarece que a cláusula de permanência é uma das cláusulas restritivas de liberdade de trabalho e tem por objetivo condicionar a liberdade do trabalhador em rescindir o contrato de trabalho, com exceção à modalidade de justa causa cometida pelo empregador, no qual o empregado se compromete a permanecer um período mínimo na empresa, em contrapartida de cursos ou treinamento.

Discussões sobre a legalidade do referido pacto de permanência à parte, fato é que o entendimento dos doutrinadores e da jurisprudência sobre o tema é no sentido de que é permitido, desde que o trabalhador possa libertar-se da obrigação assumida restituindo ao empregador os valores gastos e despesas com os cursos de formação.

Além das hipóteses acima, verifica-se na prática que as cláusulas de permanência estão sendo pactuadas na contratação de talentos, quando há pagamento de luvas ou de um bônus de permanência, com o intuito inicial de captar o referido empregado, tirando-o em muitos casos de empresas concorrentes, e em um segundo momento com a finalidade de mantê-lo pelo maior lapso temporal possível.

Entende-se que nestes casos, o pacto de permanência poderia ter o mesmo resultado financeiro para o empregado que a concessão das *Stock Options*, mas o impacto financeiro para o empregador seria diferente, porque afastaria a volatilidade e os efeitos no capital da empresa e na receita operacional.

---

(1) JOÃO, Regiane Teresinha de Mello. *Cláusula de não-concorrência no Contrato de Trabalho*, São Paulo: Saraiva, 2003. p. 49.

Destaca-se que outra diferença seria de cunho psicológico, já que a cláusula de permanência possui um caráter restritivo de liberdade, enquanto que a *Stock Options* possui um apelo de incentivo financeiro a longo prazo com possibilidades de ganhos variáveis.

3.2. *VALOR* (VALUATION)

As *Stock Options* tratam de concessão de oportunidade de benefício sujeito à valorização da Empresa concessionária no mercado de capitais. Desta afirmativa é que se pode dizer que o "valor" é a característica específica da referida espécie de concessão de opção de ações.

As Empresas concedem aos beneficiários a oportunidade de exercer o direito sobre um determinado número de ações.

As Empresas não dão as ações para seus empregados gratuitamente e sim a oportunidade para que eles exerçam o direito de comprá-las e vendê-las, após um período de carência e dentro de um período de validade.

Mas tal afirmação também não quer dizer que, necessariamente, a concessão é onerosa, já que, como será abordado em tópico próprio, dependendo do método de exercício autorizado pelo empregador, no plano, contrato ou termo de concessão, o empregado não irá pagar nenhum valor pela compra.

Por estas razões a discussão sobre o caráter gratuito e oneroso das *Stock Options*, em um primeiro momento, é irrelevante. Tal questão irá depender da fase do plano de concessão, do tipo de carência fixado e do método de exercício autorizado pelo empregador.

Neste diapasão, é evidente que a Empresa cedente das *Stock Options*, quando da concessão das mesmas para seus empregados, não percam a titularidade sobre as ações, o que somente irá ocorrer quando o beneficiário comprá-la.

Na data em que *Stock Options* são concedidas aos empregados, ou seja, na oportunidade de exercício do direito sobre as ações, as mesmas possuem um valor de emissão (*grant price* ou *exercise price*).

Após o período de carência, se o beneficiário optar por exercer o seu direito sobre as *Stock Options*, irá verificar o valor de emissão e o valor do mercado e se vale a pena realizar tal exercício.

Via de regra, por fatores gerenciais e gestacionais, por questões mercadológicas e/ou por fatores econômicos (ex: inflação) o valor do mercado é maior que o valor de emissão, sendo realizada uma operação casada.

O beneficiário opta por exercer o seu direito de comprar as ações recebidas e, ato contínuo, vende as referidas ações para o próprio empregador, ficando com o lucro.

Exemplo: No ano de 2003 um determinado executivo recebe 1.000 *Stock Options*, com prazo de carência de 3 (três) anos, prazo de validade de 10 (dez) anos e valor unitário de emissão de R$ 100,00 (cem reais). Em 2006, ultrapassado o período da carência e dentro do prazo de validade, o valor unitário é de R$ 1.000,00 (mil reais). O beneficiário exerce o direito de compra e paga por cada uma das ações R$ 100,00 (cem reais) e ato contínuo vende por R$ 900,00 (novecentos reais). Por cada uma da ações exercidas o beneficiário irá receber R$ 900,00 (novecentos reais) o que significa que terá de lucro o valor de R$ 90.000,00 (noventa mil reais):

Ano de 2006 — Valor para a venda:	R$	1.000,00
Ano de 2003 — Valor da emissão *(exercise price)*:	R$	100,00
Lucro *(options spread)*:	R$	900,00
R$ 900,00 por ação *(share)* × 1.000 ações *(shares)* =	R$	90.000,00

3.3. *VALIDADE* (EXPIRATION)

As *Stock Options* também vencem depois de certa data, que geralmente são 10 anos depois de terem sido concedidas. Referido prazo de validade é fixado no Plano de Concessão das *Stock Options.*

Às vezes o período é menor do que isso. Se for em 10 anos, significa que o beneficiário tem 10 anos para exercer suas opções, a partir do dia em que elas foram concedidas pelo empregador. Isto inclui o período de carência. Então, por exemplo, se as *Stock Options* forem completamente investidas em quatro anos, o beneficiário terá seis anos depois desta data para exercer suas opções.

Ressalte-se que o prazo de validade poderá ser estipulado tanto para a compra como para a venda. Assim, se o beneficiário não optar por uma operação casada e comprar no período de 5 anos e optar por vender depois, com o objetivo de aguardar a valorização das ações compradas, terá necessariamente que vender dentro do prazo de 10 (dez) anos, correndo o risco de ter gasto na compra sem conseguir restituir ou obter o lucro pretendido com a venda.

Tal característica leva a uma única conclusão: o bom senso induz à operação casada, já que o preço da emissão será sempre o mesmo, variando apenas o valor da ação para a venda.

3.4. *EXERCÍCIO FACULTATIVO*

Uma leitura nos conceitos das *Stock Options* irá demonstrar que o beneficiário recebe a oportunidade de exercer o direito de compra e venda das ações. Poderá exercê-lo ou não e, por óbvio, somente irá fazê-lo quando vislumbrar que terá lucro.

Se o beneficiário optar por jamais exercer o direito de compra e venda das ações recebidas, o máximo que irá acontecer é que, ultrapassado o prazo de validade das ações, perderá a oportunidade de exercer o direito sobre elas. Tal direito volta, simplesmente, a ser da empresa e o beneficiário não terá nenhum prejuízo.

3.5. VOLATILIDADE (O RISCO DE NÃO GANHAR)

A baixa do mercado de ações é sempre uma ameaça para as opções.

Porém, as companhias continuam emitindo novas opções ou trocando "por de baixo dos panos" opções por quotas de ações restritas. Paciência e uma carteira *(portfolio)* diversificada ajudam a empresa concessionária e os empregados contemplados a superar os períodos de volatilidade.

Um exemplo da volatilidade das *Stock Options* é fenômeno conhecido por *"underwater Stock Options"*.

Sobre o assunto, a Towers Perrin[(2)], em maio de 2002 publicou o artigo *"Underwater Stock Options"* na Update n. 29, Ano V, no qual afirma que "a queda dos principais mercados acionários no mundo observada nos dois últimos anos criou um novo tipo de problema para as empresas de capital aberto que possuem sistemas de remuneração baseados em ação, especialmente opções de compra de ações (*Stock Options*)".

Desde já, pontua-se que nesta matéria assim como na maioria dos artigos sobre o tema, as *Stock Options* são consideradas como uma modalidade de remuneração variável. Isto não quer dizer que cientificamente ou doutrinariamente esta é a melhor abordagem a ser feita. O que ocorre é que as notícias na mídia e os trabalhos de auditorias são realizados sem a intenção de discutir a natureza jurídica das *Stock Options*.

O referido artigo estuda o fenômeno chamado de *"underwater Stock Options"*, esclarecendo que em diversas empresas, o preço de exercício (preço no qual o portador da opção é autorizado a comprar as ações) das opções concedidas anteriormente a 2000 se encontrava em 2002 bem acima do valor de mercado e que por esta razão não representavam nenhuma possibilidade de ganho imediato.

As opções de ação, nestas condições é que são conhecidas no mercado por *"underwater Stock Options"*, que significa "opção de ações submersas".

A Towers Perrin destaca o porquê do assunto merecer atenção:

> "A primeira pergunta a ser respondida é se de fato a empresa deve tomar iniciativa para restaurar o valor das *"underwater Stock Options"*. Em geral os objetivos dos planos de incentivo de longo prazo, incluindo o conceito de opções de compra de ação, são:
>
> • Reforçar a atração e retenção de talentos-chave;
>
> • Criar visão e comprometimento de longo prazo;
>
> • Motivar e recompensar a busca e atingimento de resultados;
>
> • Alinhar interesses de executivos e acionistas na criação de valor para o negócio.

(2) Towers Perrin, empresa americana de consultoria e auditoria.

Dados os parâmetros acima, uma reação natural seria a de manter as regras vigentes, e aguardar uma eventual recuperação dos mercados e do valor das opções já concedidas. Porém, simplesmente ignorar o problema pode ser arriscado pois:

• As ações de algumas empresas apresentam uma queda tão acentuada em seu valor que dificilmente se recuperarão dentro do prazo de validade restante das opções concedidas (de cinco a dez anos);

• Os planos de "*Stock Options*" se tornaram um componente importante das estratégias de remuneração das empresas, não somente tendo um peso maior na composição do pacote de remuneração total, mas também abrangendo níveis inferiores das organizações;

• Apesar da redução na atividade econômica mundial, a demanda por talentos continua em alta, ao mesmo tempo em que estes apresentam um nível cada vez maior de mobilidade entre empregos, especialmente os chamados *hot-skills*;

• A queda no valor de mercado da empresa pode ter ocorrido sem nenhuma relação com resultados, penalizando funcionários que eventualmente tenham superado suas metas e gerando desmotivação.

Como resultado, a maioria das empresas cujas ações sofreram quedas expressivas nas bolsas de valores e, conseqüentemente, uma acentuada desvalorização nas respectivas opções de compra se encontram em um dilema. De um lado estão os interesses dos acionistas, que tiveram perdas em seus investimentos, e de outro os funcionários portadores de opções, que experimentam uma redução no valor de sua remuneração e poder aquisitivo."

Após estas considerações a Towers Perrin apresenta as alternativas adotadas por empresas nos Estados Unidos para solucionar a questão, dentre elas, transcreve-se do artigo as abaixo aduzidas:

"a) *Repricing* — consiste em reduzir o preço de exercício da opção, de modo que o mesmo se alinhe ao novo patamar de preço (mais baixo) da ação em mercado. Não é uma alternativa bem aceita pelos acionistas controladores, que naturalmente esperam que os executivos também sofram as conseqüências de quedas nos valores das ações, da mesma forma em que foram beneficiados durante o período de crescimento ininterrupto no mercado acionário americano (*full market*). Além disso o FASB — Financial Accounting Standars Board, que é o órgão regulador de práticas contábeis nos Estados Unidos, emitiu um circular em maio de 2000 indicando que opções outorgadas resultantes de operações de *repricing* deveriam ser registradas como despesa, conseqüentemente afetando os resultados contábeis do negócio.

b) *Cancel/Re-issue* — similar ao conceito de *repricing*, consiste no cancelamento das opções *underwater* existentes, e concessão de novas opções, em mesmo número, mas com preço de exercício baseado no valor de mercado atualizado das ações. Novamente pode resultar em insatisfação dos acionistas, por eliminar todo o risco dos executivos elegíveis ao plano, e também gera implicações contábeis desfavoráveis (FASB).

c) *Extra Grants* — neste caso a empresa realiza a concessão do próximo lote de ações, que terá como preço de exercício o novo valor de mercado da ação. Diferente do conceito *Cancel/Re-issue*, as opções *underwater* não são canceladas. Um dos inconvenientes desta alternativa é o aumento do nível de diluição do capital em função do plano. Outro risco seria o de proporcionar ganhos exagerados ao participante caso ocorra uma recuperação acentuada no valor da ação por fatores externos à empresa, de modo que mesmo as opções *underwater* voltem a ter valor.

d) *Replacement* — existem empresas que oferecem aos participantes dos planos a permuta de suas opções por novas opções ou ações restritas (*restricted stocks*). Em ambos os casos as opções vigentes seriam quantificadas segundo uma metodologia reconhecida (exemplo: *Blach Scholes*), aplicando-se também a este valor um deflator (exemplo: 30%), para compensar a eliminação do risco. Em outras palavras, para cada opção concedida avaliada em R$ 1,00 são concedidas novas opções com valor potencial de R$ 0,70. Esta alternativa é bem vista pelos elegíveis, e melhor aceita pelos acionistas que as demais, porém também resulta em despesas contáveis no balanço (FASB).

e) *Outros* — ainda foram detectadas outras práticas nos EUA, em menor freqüência, tais como mudanças em parâmetros de desenho do plano, com o *vesting* ou termo de opção, a recompra das opções pela empresa em valores baseados na metodologia *Black Scholes* e reduzidos por um deflator ou ainda a permissão da venda das opções a um terceiro (uma corretora de valores por exemplo)."

A Towers Perrin analisa também se o fenômeno das "*Underwater Stock Options*" é generalizado e, com base em um gráfico que demonstra a evolução dos índices das Bolsas de Valores de janeiro de 1995 a janeiro de 2002, afirma que:

"O gráfico mostra que a queda nos valores das empresas que compõem os índices Nasdaq, Dow Jones e Ibovespa varia acentuadamente. Desde o ano 2000, a desvalorização acumulada do Nasdaq foi de aproximadamente 50%, enquanto que do Ibovespa foi de 20%, e do Dow Jones cerca de 10%. Podemos observar então que a incidência do problema é maior entre empresas americanas relacionadas ao setor de alta tecnologia.

No Brasil existem algumas empresas cujas opções concedidas antes de 2000 estão atualmente 'submersas'. Mas ainda não existem divulgados em mercado casos de empresas brasileiras que tenham tomado alguma iniciativa para minimizar ou eliminar o efeito de opções submersas. O motivo principal é a perspectiva de que estas opções recuperem o valor rapidamente, uma vez que a queda nos valores das ações não foi tão acentuada como nos EUA, e especialmente em função da volatilidade do mercado acionário local, aumentando o valor das ações."

Após apresentar algumas recomendações a Towers Perrin conclui que:

> "Apesar da desvalorização acumulada dos mercados acionários nos dois últimos anos, os planos de *Stock Options* continuam sendo amplamente utilizados pelas empresas líderes em práticas de recursos humanos, e representando uma parcela importante da remuneração total dos elegíveis. Mesmo com o fenômeno das '*underwater Stock Options*', estes planos seguem respeitando seus objetivos principais, que são a visão e comportamento de longo prazo, geração de resultados e alinhamento entre executivos e acionistas.
>
> Porém a ocasião gerou uma 'saudável ressaca', na qual após anos de festas com os ganhos sucessivos das bolsas de valores, os participantes também puderam perceber a parcela de risco existente nestes sistemas. E ficou clara a falta de comunicação das empresas nesta área.
>
> Nos Estados Unidos algumas empresas adotaram diferentes práticas para que os portadores de ações 'submersas' pudessem 'respirar debaixo d'água'. Tal prática não foi observada no Brasil ainda, mas a ocasião pode servir como um bom ensejo para que as empresas revejam não só o desenho de seus planos de *Stock Options*, bem como suas estratégias de remuneração e comunicação como um todo."

Uma vez que o exercício é facultativo, o beneficiário das *Stock Options* ao receber a oportunidade de comprar e vender as referidas ações não corre nenhum risco de perder. O único risco é deixar de ganhar.

E como relatado no parecer da Towers Perrin, fato é que as empresas que concedem *Stock Options* para seus empregados tem por objetivo remunerá-los, fazer com que os mesmos tenham o lucro desejado com a finalidade de captar, estimular e reter talentos.

Nesta seara, quando ocorrem fenômenos como a "*underwater Stock Options*", inúmeros mecanismos são estudados e utilizados para que os empregados não tenham a expectativa de lucro frustada.

A preocupação com o tema e a execução das medidas acima, demonstra o principal objetivo da concessão das *Stock Options*: que os empregados beneficiários tenham lucro.

3.6. INTRANSFERIBILIDADE

Uma vez recebido o direito de exercer a opção de compra e vendas das ações, o empregado terá a faculdade de fazê-lo, após um determinado prazo de carência e observando o prazo de validade, mas jamais poderá transferir o seu direito de opção a terceiros.

Passado o prazo de carência, o empregado poderá vender as ações na Bolsa de Valores, mas não poderá fazê-lo diretamente a uma pessoa física ou jurídica.

3.7. *IMPOSSIBILIDADE DE AUFERIR DIVIDENDOS*

Os empregados que recebem as *Stock Options* não têm o direito de receber dividendos.

Na fase em que recebe a opção de ações até cumprido o prazo de carência tem apenas uma expectativa de direito e nada receberá antes de exercer o direito de compra.

Após o período de carência, apenas em um método de exercício o empregado poderá receber dividendos, o de compra à vista, no qual compra as ações e se torna proprietário das mesmas. Mas tal método terá que estar autorizado no Plano de concessão.

3.8. *EFEITOS ESPECÍFICOS*

O exercício de opções leva as empresas a emitir novas ações ordinárias, elevando o número de ações em poder público externo à empresa, o que muitos entendem ser um aspecto societário negativo, já que dilui o patrimônio acionário da empresa.

Mas há um aspecto econômico positivo, já que aumenta a quantidade de dinheiro no caixa da empresa, pois trata-se de aporte de capital proveniente do preço de exercício fixado no Plano.

Além disso, muitos estudiosos do assunto, ressaltam que as empresas pagam seus executivos através de tal concessão, e os empregados lhe retribuem com trabalho o que significa que o valor não esta saindo diretamente do caixa da empresa.

Até 1995 a concessão de *Stock Options* trazia à empresa emissora outra vantagem, a contábil, uma vez que a tal concessão não era lançada na receita. Tal vantagem foi afastada em razão do tratamento contábil dado às *Stock Options* através de nova legislação e regulamentação americana e européia, após o escândalo da Enron.

CAPÍTULO 4

CLASSIFICAÇÃO DAS *STOCK OPTIONS*

Icíar Alzaga Ruiz[1] classifica as *Stock Options* segundo dois critérios, o primeiro em função da carência e o segundo em função do objeto.

Quanto à carência, identifica dois tipos de *Stock Options*, as concedidas pelo sistema Americano, no qual o prazo de carência é um lapso temporal e as concedidas pelo sistema Europeu, no qual é estipulado uma data específica para o exercício.

A ilustre professora ressalta que no sistema Americano o beneficiário possui maior flexibilidade, podendo auferir um lucro maior já que irá comprar e vender as ações efetivamente quando lhe for a época mais favorável, enquanto que no sistema Europeu o beneficiário possui um cenário menos vantajoso.

Quanto ao objeto, também são identificados dois tipos de *Stock Options*, o primeiro é o típico, no qual é dado ao beneficiário o direito de exercer a compra de ações por um determinado preço de emissão e vendê-la pelo preço do mercado, via de regra superior ao de emissão. O segundo seriam as Phantom *Stock Options*, no qual o valor de emissão e de venda é estipulado pela empresa concessionária e não pelo mercado e não há ações propriamente ditas e sim "ações virtuais", "fantasmas", que não existem propriamente.

Registre-se que ampla pesquisa entende que as "Phantom Shares" não são *Stock Options* típicas, razão pela qual se propõe neste estudo que as mesmas sejam classificadas como espécie similar do gênero *Stock Options* Plans, mas distinta das *Stock Options* em sentido estrito.

C. E. Curtis[2] classifica as *Stock Options* segundo o tipo de ação que está sendo objeto da concessão da opção: as ações não qualificadas e as ações de incentivo.

Já *B. J. Hall*, em um artigo intitulado "What you need to know about *Stock Options*" (O que você precisa saber sobre *Stock Options*), publicado na Harvard

(1) RUIZ, Icíar Alzaga. *Op. cit.*, p. 52.

(2) CURTIS, Carol E., *op. cit.*, p. 33.

Business Review, as *Stock Options* podem ser classificadas de duas formas, quanto ao preço de exercício (*at the money*; *out of the money* e *in the money*) e quanto à forma de concessão (valor fixo; número fixo; megaconcessões).

Outros doutrinadores classificam as *Stock Options* como gratuitas ou onerosas. Com relação a esta classificação, entende-se que será o método de exercício, autorizado pelo plano de concessão, que irá determinar a gratuidade ou não das *Stock Options*. Até porque, via de regra, na primeira fase do Plano a concessão será sempre gratuita, uma vez que o exercício da opção de compra é uma faculdade e não uma obrigação.

Analisados os quatro estudos acima ressaltados, conclui-se que os Planos de concessão de ações (*Stock Plans*) são um gênero, do qual as *Stock Options (strictu sensu)* é espécie. Partindo desta premissa, sugere-se a classificação abaixo das *Stock Options*, objeto deste trabalho, para depois, no item "4.4", apresentar as outras espécies de planos de concessão de ações.

4.1. QUANTO À NATUREZA DAS AÇÕES

4.1.1. Opções de ações não qualificadas **(Nonqualified Options — NSOS)**

Segundo *Carol E. Curtis*, as opções de ação não qualificadas são as mais comuns e são normalmente concedidas pela hierarquia de empregados.

Essas opções não possuem vantagem tributária. Isto significa que quando o beneficiário as exerce paga imposto de renda pessoal ordinário na diferença entre o preço de concessão e o preço de mercado em exercício, se comprar e conservar suas quotas ou se você vendê-las imediatamente.

O beneficiário paga também imposto sobre ganho de capital (tanto para longa ou curta duração, dependendo do período de conservação) no lucro que vier a ter quando vender as ações (ou seja, a diferença entre o preço de exercício e o preço pelo qual o beneficiário vendeu as ações).

4.1.2. Opções de ações de incentivo **(Incentive Stock Options — ISOS)**

Também na classificação proposta por *Carol E. Curtis*, as opções de ação de incentivo são do tipo concedido à executivos de cúpula e empregados de empresas não públicas, qualificadas por impostos preferenciais.

A vantagem é que o beneficiário não precisa pagar imposto de renda quando as opções são exercidas.

Porém, o beneficiário continua devendo imposto sobre ganho de capital quando vende as quotas.

Nos Estados Unidos, as restrições estabelecem que somente podem ser concedidas até 100.000 opções de ação de incentivo e que o beneficiário precisa "segurá-las" por um ano a partir do dia do exercício ou dois anos depois da data de concessão.

Também neste caso, o período de exercício não pode exceder 10 anos.

4.2. *QUANTO AO PREÇO DE EXERCÍCIO*

Uma leitura no conceito e nas características das *Stock Options* pontua que o empregador concede ao empregado a oportunidade de comprar e vender suas ações ou ações das empresas que compõem o mesmo grupo econômico.

O empregado compra por um preço (preço de exercício) e vende por outro e nesta operação é que irá obter ou não um lucro.

O preço de exercício é o preço de emissão da ação, ou seja, aquele que deverá ser analisado para se efetuar o cálculo da diferença entre o preço da compra e da venda.

O Plano de *Stock Options* poderá contemplar três tipos de preço de exercício *(exercise price):*

4.2.1. *At the money*

Ocorre quando o preço do exercício é o mesmo que o preço da ação no momento da concessão.

Exemplo: A empresa "A" concede o direito de exercer a compra de 1.000 ações para o empregado "B" no dia 01 de fevereiro de 2000, desde que respeitada uma carência de 3 anos e estipula que o preço de exercício será o preço da ação na Bolsa de Valores na referida data, que é de R$ 1,00. À partir de 01 de fevereiro de 2003 o empregado poderá exercer o seu direito de opção e comprar as ações pelo preço de R$ 1.000,00 (R$ 1,00 cada). Fixa-se para fins ilustrativos que o valor do preço de mercado de cada uma das ações, em 01 de fevereiro de 2003, é de R$ 10,00 e o empregado opte por vender todas as ações através do método de exercício *same-day-sell* (venda no mesmo dia). O empregado irá comprar o lote de ações por R$ 1.000,00, vendê-las por R$ 100.000,00. Pago o percentual de corretagem e eventuais taxas, a diferença será o lucro obtido pelo empregado na referida transação.

4.2.2. *Out of money*

Nesta forma de concessão, o preço de exercício é mais alto que o preço da ação no momento da concessão.

Nesta hipótese, o Plano de concessão das *Stock Options* irá estipular um preço de exercício compatível com uma perspectiva futura, no qual se faz um diagnóstico acerca da oscilação do valor das ações na Bolsa de Valores e uma projeção futura, com base no prazo de carência.

Exemplo: O prazo de carência estipulado no Plano é de 3 anos. A empresa emissora faz um estudo, verifica que no momento da concessão o preço da ação será de R$ 10,00, mas a tendência é um aumento anual de 20%, o que significa que em 3 anos cada ação valerá aproximadamente R$ 16,00. Se o que pretende é que o empregado tenha um lucro médio de 20%, irá estipular como preço de exercício para cada ação o valor de R$ 14,00.

4.2.3. *In the money*

Quando é utilizada a forma de concessão *in the money*, o preço de exercício é mais baixo que o preço da ação no momento da concessão.

Exemplo: O preço de mercado da ação de uma determinada empresa é de R$ 10,00 em 01 de fevereiro de 2000. Há projeções de que a tendência é a queda do valor. São concedidas *Stock Options* para um determinado executivo, sendo estipulado uma carência de 3 anos para o direito de exercício. Visando garantir lucratividade ao executivo, a empresa estabelece que o preço de exercício da ação será de R$ 5,00. Supõe-se que em 2003, quando o executivo adquirir o direito de exercício de compra, o valor de mercado de cada ação seja de R$ 8,00. Ele terá um lucro de aproximadamente R$ 3,00 na venda de cada ação se optar pelo método de exercício de venda no mesmo dia.

4.3. *QUANTO À FORMA DE CONCESSÃO*

4.3.1. *Planos de valor fixo*

Segundo *Hall*, nos Planos de valor fixo é oferecido aos executivos um valor anual predeterminado durante o período do plano. É muito utilizado porque permite que a empresa controle a remuneração do executivo e permite que a remuneração seja ajustada a cada ano, minimizando a possibilidade de executivos deixarem a empresa em busca de remuneração mais atrativa.

Hall analisa que esse tipo de plano, ao fixar o valor antecipadamente, enfraquece a relação remuneração e desempenho, porque afasta o risco e o empregado, trabalhando mais ou menos, melhor ou pior, sendo os resultados globais da empresa mais significativos ou não, o valor a ser recebido através da *Stock Options* será sempre o mesmo.

4.3.2. *Planos de número fixo*

Nos Planos de número fixo, o empregador determina o número de opções que os executivos recebem anualmente durante o período do plano. A quantidade de *Stock Options* concedidas anualmente poderá depender ou não do desempenho do empregado.

Se o Plano não tiver por objetivo retribuir o desempenho individual do empregado, a quantidade de opções poderá variar para atender ao objetivo do empregador em conceder tal benefício, dependendo do valor de cada ação no mercado.

4.3.3. *Megaconcessões*

Nas megaconcessões são oferecidos grandes concessões antecipadas em lugar de concessões anuais. O preço de exercício é fixado no ato da concessão, assim como a quantidade de opções. Também restará definido os períodos de carência para o exercício de parte ou do total das ações e a validade de tal exercício.

4.4. *OUTRAS ESPÉCIES DE PLANOS DE CONCESSÃO DE AÇÕES* (STOCK PLANS)

Como abordado acima, as *Stock Options* consistem em uma espécie de plano de ações, concedido pelo empregador para seus empregados e administradores.

Abaixo, será feito uma abordagem simples de outras espécies de planos, sem a intenção de aprofundar-se em cada uma delas.

Muitos autores, dentre eles *Alisa J. Baker*(3), ao invés de distinguir o que seria gênero e quais seriam as espécies, cientificamente classificam as *Stock Options* como um plano de opção de compra de ações concedido para os empregados e as demais espécies como *Related Plans*, ou seja, como planos relacionados, afins, aparentados.

O importante desta abordagem é estabelecer a distinção entre o plano de *Stock Options* e os demais planos, que embora "aparentados" possuem características totalmente distintas.

Verifica-se em muitos artigos publicados, trabalhos, inclusive doutrina, que em algumas situações o tema é abordado como se *Stock Options* e as demais espécies, ou algumas delas, fossem a mesma coisa, o que afasta a precisão na conceituação, caracterização e demais análises do referido sistema.

A seguir citam-se as mais conhecidas e utilizadas.

4.4.1. *ESPP* (Employee Stock Purchase Plan)

ESPP trata-se do plano de compra de ações pelos empregados e é muito usual nas empresas públicas. Milhões de empregados já se beneficiaram e continuam se beneficiando deste plano.

Consiste na possibilidade de aquisição de ações da empresa a um preço reduzido, beneficiando o titular de um prêmio de capitalização dependente da valorização da cotação das ações no mercado bolsista.

Também são conhecidas como Ações concedidas através do Plano da Seção 423.

Refere-se à seção 423 pertinente ao IRS, este por sua vez, diz respeito ao Serviço de Receitas Internas da empresa.

Este é na verdade um tipo de plano de aquisição de ações, sob o qual aos empregados é permitido comprar com abatimento, ou seja, desconto. Este plano não pode ser limitado a empregados de cúpula, como ocorre com as *Stock Options*.

Outra diferença é que o único método de exercício autorizado neste Plano é o da compra à vista. Embora com desconto, o empregado efetivamente paga pela ação, sendo o caráter do mesmo exclusivamente oneroso.

4.4.2. Phantom Shares

A concessão de ações fantasmas, chamadas de *Phantom Shares* vem sendo adotada adicionalmente e alternativamente aos planos de opção de compra de ações (*Stock Options*).

---

(3) BAKER, Alisa J. *The Stock Options Book*, 8. ed. Estados Unidos: Paul Chernoff. 2007. p. 43.

Às *Phantom Shares* não se aplica o art. 168 da Lei das Sociedades Anônimas n. 6.404/76, o qual é aplicável às *Stock Options* e sim os arts. 152 e 157 da referida lei.

Uma leitura nos referidos artigos demonstra que, ao contrário das *Stock Options* que somente podem ser adotadas nas sociedades anônimas de capital aberto, as *Phantom Shares* podem ser adotadas tanto pelas companhias de capital aberto como nas de capital fechado.

Consistem na criação de unidades virtuais, chamadas *Units*, as quais são outorgadas escrituralmente aos administradores da empresa, à razão de uma *Unit* por ação da companhia.

Via de regra, o beneficiário do plano de *Phantom Shares* se torna titular de uma ou mais *Unit*. (unidades de ação da empresa).

Nas empresas de capital aberto, esta unidade será recebida em uma determinada data (data de emissão) e após o término de um prazo pré-estipulado ou seja da carência mínima exigida *(vesting)*, havendo valorização das ações da companhia, o beneficiário receberá a diferença *(spread)*.

Nas empresas de capital fechado, o Plano de *Phantom Shares* deverá conter critérios específicos para avaliação da companhia, para que, observado o prazo mínimo da carência, o beneficiário possa verificar se ocorreu a valorização das ações da empresa e se faz jus ao crédito correspondente à diferença.

Tanto para as empresas de capital aberto, como para as de capital fechado, o Plano de *Phantom Shares* poderá estipular que o beneficiário receba dividendos iguais aos que forem pagos aos acionistas da companhia, proporcionalmente ao número de Unidades que possui (uma *Unit* por ação).

4.4.3. Restricted Stocks

Restricted Stocks significa ações restritas.

Refere-se à prática de concessão de ações apenas para um grupo selecionado de empregados e que somente irá efetivamente perceber as ações do pacote se cumprir determinadas metas, ou restrições.

A Concessão de ações restritas a executivos tem se tornado popular em fusões e aquisições como uma maneira de compensá-los por perderem suas opções.

Possui vantagens com relação às *Stock Options* em razão da sua flexibilidade. A diferença é que, no caso das *Restricted Stocks* há necessariamente a "restrição" ou "condição", o que não poderá eventualmente ocorrer nas *Stock Options*, mas não obrigatoriamente.

4.4.4. *Ações de Performance* (Performance Stocks)

A *Performance Stocks* são as ações concedidas em razão do desempenho de seus colaboradores, concedidas pela empresa com o objetivo de premiar aqueles que atingiram as metas estipuladas.

Trata-se de um lote de ações a ser concedido desde que a meta individual ou coletiva seja realizada no período determinado.

Os beneficiados não recebem as ações e sim o valor pecuniário respectivo.

4.4.5. Distribuição Gratuita de Ações

A distribuição gratuita de ações pelo empregador a seus empregados, via de regra para os altos executivos, os transforma em acionistas, que passarão a ter direito à distribuição dos resultados gerados sob a forma de dividendos e ao prêmio de valorização do preço das ações cotadas em bolsa. Este incentivo faz com que eles fiquem ainda mais comprometidos com o crescimento dos resultados da empresa.

Não se confunde com as *Stock Options* porque são dados aos empregados as ações e não direito de exercer a compra das referidas ações. Não há carência, não há compra e nenhuma restrição.

4.4.6 **Equity Pool**

Trata-se de um fundo formado pela empresa e destinado a todos os trabalhadores ou a um grupo específico elegível conforme requisitos estipulados entre as partes.

Os empregados recebem cotas desse fundo que, a medida que as ações da empresa se valorizam, recebem dividendos proporcionais a tal valorização e ao número de cotas que possuem.

4.4.7. ESOPS

Employee stock ownership plans (ESOPS): trata-se de um típico plano de retirada qualificada, que somente poderá ocorrer através de autorização governamental. A Empresa que oferece a ESOPS terá que fazê-lo para **todos** os empregados, não apenas para os altos executivos.

Os Empregados, por sua vez, não recebem nenhum benefício da ESOP antes da rescisão contratual por qualquer uma das modalidades legais: iniciativa do empregador, do empregado, falecimento, fechamento ou encerramento das atividades.

4.4.8. Bônus de Subscrição

Os bônus de subscrição são títulos nominativos negociáveis que conferem ao seu proprietário o direito de subscrever ações do capital social da empresa emissora, nas condições previamente definidas em certificado.

A emissão dos bônus de subscrição é limitada ao aumento do capital autorizado no estatuto e a deliberação sobre emissão dos bônus de subscrição competirá à assembléia geral, se o estatuto não atribuir tal competência ao Conselho de Administração.

A concessão de um bônus de subscrição garante ao beneficiário o direito de comprar ações desta mesma empresa dentro de um prazo estabelecido, por um preço predeterminado.

Ao ser criado o bônus de subscrição, a companhia deve dar direito de preferência a seus acionistas para sua aquisição, para que depois possa autorizar a aquisição daqueles que não possuem qualquer vínculo com a empresa.

No caso do acionista ou beneficiário não efetuar a compra no período estipulado, este perderá seu direito e não terá restituição do valor pago antecipadamente.

O bônus de subscrição é regido pela Lei das Sociedades Anônimas n. 6.404 de 1976, Capítulo VI, cuja transcrição encontra-se no Apêndice.

Difere-se das *Stock Option* por várias razões; destacam-se as duas principais:

- os bônus de subscrição são oferecidos preferencialmente aos acionistas da empresa, mas na ausência de manifestação dos mesmos poderão ser colocados à disposição no mercado enquanto que as *Stock Options* somente podem ser concedidas para os empregados, administradores ou prestadores de serviços da empresa concessionária;

- as *Stock Options* são nominais, não podendo ser objeto de endosso para terceiros, o que poderá ocorrer com os bônus de subscrição.

CAPÍTULO 5

MÉTODOS DE EXERCÍCIO DAS *STOCK OPTIONS*

5.1. *COMPRA À VISTA* (CASH PURCHASE)

Trata-se do método pelo qual o beneficiário poderá exercer o direito e compra das ações através do pagamento à vista.

O beneficiário poderá pagar os impostos associados a uma compra à vista em dinheiro ou através da retenção de parte das ações que teria o direito de comprar.

Quando todos os fundos são recebidos e o exercício for concluído, havendo ações adicionais, as mesmas serão entregues na conta de corretagem do beneficiário.

Neste método de exercício o empregado passa a ser proprietário das ações que comprou, podendo inclusive receber dividendos e ter direito a voto, na proporção da quantidade de ações que possuir, se a natureza das referidas ações assim o permitir.

5.2. SWAP *DE AÇÕES* (STOCK SWAP)

Neste método, após um período mínimo de carência estipulado no Plano, Contrato ou Notificação de Concessão, o beneficiário utiliza parte de suas ações para cobrir o custo da opção.

Os impostos serão pagos pela retenção de ações do exercício à alíquota de retenção mínima legal.

As ações adicionais equivalentes ao número de ações exercidas da opção, menos o número de ações utilizadas para cobrir o custo da opção e retidas para fins fiscais, são entregues na conta de corretagem do beneficiário e ele passa a ser proprietário das mesmas, exatamente nos moldes da compra à vista.

A diferença limita-se ao fato do beneficiário não ter que desembolsar nenhum valor para o pagamento, já que usará parte das ações que teria a opção de comprar para compensar tal pagamento.

5.3. *RECARGA* (RELOAD)

Este método é similar ao *swap* de ações. Entretanto, além das ações adicionais que o beneficiário recebe após o exercício, receberá uma opção de recarga de ações atinente ao número de ações utilizadas para pagar o custo da opção e os impostos.

Via de regra, como condição imposta ao uso do método de recarga, o preço de fechamento das ações ordinárias da Empresa emissora na Bolsa de Valores de Nova York no dia de negociações anterior ao exercício deve ser pelo menos 20% superior ao preço de concessão da opção que o beneficiário estiver exercendo.

O preço de concessão da opção de recarga irá equivaler ao preço de fechamento das ações ordinárias da Empresa emissora na Bolsa de Valores de Nova York no dia de negociações anterior ao exercício da opção.

A opção de recarga do beneficiário irá tornar-se totalmente adquirida em um determinado período, geralmente em seis meses, tendo a mesma data de validade da concessão das opções originais.

Assim como no método de *swap* de ações, o beneficiário utiliza suas ações da empresa emissora, detidas por um determinado período mínimo, para cobrir o custo da opção.

As ações adicionais que o beneficiário receber irão equivaler ao número de ações exercidas da opção, menos o número de ações utilizadas para cobrir o custo da operação e retiradas para fins fiscais.

As ações adicionais recebidas de um exercício de recarga não poderão ser vendidas por um determinado período, que geralmente é de dois anos após o exercício.

5.4. *VENDA NO MESMO DIA* (SAME-DAY-SALE)

Trata-se do método de exercício das *Stock Options* mais usual.

Neste método ocorrem duas transações, de forma simultânea: primeiro, as ações são compradas, depois, imediatamente vendidas. Parte dos resultados das vendas será utilizada para cobrir o custo da opção, os impostos aplicáveis, a comissão de corretagem, a taxa da Comissão de Valores Mobiliários dos Estados Unidos (doravante denominada "taxa da SEC") e uma tarifa postal.

O preço da compra será o preço pelo qual as ações foram emitidas, e o preço de venda o valor de mercado das ações.

Evidentemente que o beneficiário, antes de exercer o seu direito de compra e venda das ações já tem conhecimento do preço de emissão, devendo se preocupar apenas com o valor de mercado.

Sendo o valor de mercado superior ao valor de emissão, então o beneficiário faz a transação, não havendo qualquer risco de perder valores, ao contrário, ficará com o lucro.

O saldo é sempre pago em pecúnia.

Neste método o beneficiário não irá receber nenhuma parte em novas ações.

5.5. *VENDA DESCOBERTA* (SELL-TO-COVER)

Este método é similar à venda no mesmo dia.

A diferença é que o beneficiário utiliza um número suficiente de ações para cobrir o custo da opção, os impostos aplicáveis, a comissão de corretagem, a taxa de SEC e a tarifa postal.

As ações adicionais serão entregues em sua conta de corretagem e os resultados em dinheiro são entregues ao beneficiário.

CAPÍTULO 6

NATUREZA JURÍDICA DAS *STOCK OPTIONS*

A discussão acadêmica acerca da natureza jurídica das *Stock Options* pode, aparentemente, se traduzir em mera questão teórica, mas na verdade apresenta inúmeras repercussões práticas e se está muito longe de refletir um entendimento pacífico sobre o tema.

Decorrem desta discussão os efeitos no contrato de trabalho, durante a relação de emprego, nas hipóteses de afastamento, na rescisão contratual, perante a Previdência Social e Receita Federal.

Antes de adentrar-se na natureza das *Stock Options*, há que se verificar o conceito de salário, remuneração, salário *in natura*, para depois analisar os argumentos favoráveis e desfavoráveis para a caracterização da natureza jurídica das *Stock Options* como salário e somente, então, sugerir parâmetros para tal análise e posicionamento.

É o que se faz a seguir.

6.1. SALÁRIO, REMUNERAÇÃO E SALÁRIO IN NATURA

Para verificar a natureza jurídica das *Stock Options* concedidas pelos empregadores a seus empregados, se faz necessário conceituar e diferenciar salário e remuneração.

A Consolidação das Leis do Trabalho — CLT — possui um Capítulo específico sobre remuneração (Título IV — Contrato Individual do Trabalho — Capítulo II — Da Remuneração, arts. 457 a 467).

Em linhas gerais, a natureza jurídica das contraprestações pecuniárias ou não, concedidas pelo empregador ao empregado, encontra-se delineada nos arts. 457 e 458 da CLT.

Disciplina o art. 457 da Consolidação das Leis do Trabalho que:

> "Art. 457 — Compreendem-se na remuneração do empregado, para todos os efeitos legais, além do salário devido e pago diretamente pelo empregador, como contraprestação do serviço, as gorjetas que receber.

§ 1º — Integram o salário não só a importância fixa estipulada, como também as comissões, percentagens, gratificações ajustadas, diárias para viagens e abonos pagos pelo empregador.

§ 2º — Não se incluem nos salários as ajudas de custo, assim como as diárias para viagem que não excedam de 50% (cinqüenta por cento) do salário percebido pelo empregado.

§ 3º — Considera-se gorjeta não só a importância espontaneamente dada pelo cliente ao empregado, como também aquela que for cobrada pela empresa ao cliente, como adicional nas contas, a qualquer título, e destinada à distribuição aos empregados."

Já o art. 458 da CLT dispõe que:

"Art. 458 — Além do pagamento em dinheiro, compreendem-se no salário, para todos os efeitos legais, a alimentação, habitação, vestuário ou outras prestações "in natura" que a empresa, por força do contrato ou do costume, fornecer habitualmente ao empregado. Em caso algum será permitido o pagamento com bebidas alcoólicas ou drogas nocivas.

(...)

Parágrafo 2º Para os efeitos previstos neste artigo, não são consideradas como salário as seguintes utilidades concedidas pelo empregador:

I — vestuários (...)

II — educação (...)

III — transporte destinado ao deslocamento para o trabalho (...)

IV — assistência médica (...)

V — seguros de vida e de acidentes pessoais;

VI — previdência privada

(...)"

Dos referidos dispositivos legais supratranscritos e da doutrina trabalhista, depreendem-se os conceitos abaixo propostos:

- *Salário* é o conjunto de parcelas contraprestativas pagas pelo empregador ao empregado em função do contrato de trabalho. Trata-se de complexo de parcelas e não de uma única verba. Todas têm caráter contraprestativo, não necessariamente em função da precisa prestação de serviços, mas em função do contrato (nos períodos de interrupção, o salário continua devido e pago); todas são também devidas e pagas diretamente pelo empregador, segundo o modelo referido pela CLT (art. 457, *caput*) e pelo conceito legal de salário mínimo (art. 76 da CLT e leis do salário mínimo após 1988)[(1)].
- *Remuneração* é o conjunto de parcelas contraprestativas pagas pelo empregador ao empregado em função do contrato de trabalho (salário) e aquelas

(1) DELGADO, Mauricio Godinho. *Curso de Direito do Trabalho*, 6. ed. São Paulo: LTr, 2007. p. 683.

pagas por terceiros (gorjetas, dentre outros) que possuem natureza jurídica salarial e que por esta razão compõem o salário-de-contribuição do empregado, para fins de repercussões previdenciárias e fiscais.

- *Salário* in natura *ou salário utilidade* são os bens ou serviços (utilidades) fornecidos pelo empregador ao empregado de forma habitual e retributiva e que, direta ou indiretamente contribuem para o acréscimo de patrimônio do empregado. Afastam a natureza salarial do bem ou serviço fornecido pelo empregador ao empregado aqueles que decorrem de imposição legal, como por exemplo o vale-transporte e aqueles que decorrem de negociação coletiva positiva, como por exemplo o vale-refeição, assistência médica, dentre outros benefícios.

Da análise dos conceitos acima, já é possível questionar: as *Stock Options* constituem salário, salário *in natura*, remuneração paga por terceiros por força do contrato de trabalho ou simplesmente parcela não salarial?

Se faz necessário uma análise um pouco mais profunda sobre o tema. Assim será objeto desta análise: as características do salário, as parcelas salariais, as parcelas salariais dissimuladas e as parcelas não salariais.

Apresentamos a seguir a classificação de parcelas concedidas quanto a sua natureza jurídica, adotando o entendimento do doutrinador *Maurício Godinho Delgado*, em obra já citada.

6.2. CARACTERÍSTICAS DO SALÁRIO

As características centrais do salário, em uma visão sistemática proposta pela doutrina são:

a) Caráter alimentar:

O caráter alimentar do salário deriva do papel socioeconômico, por ser o responsável em atender as necessidades pessoais e essenciais do trabalhador e de sua família. O salário tem por objetivo o sustento, o alimento do trabalhador e de sua família.

b) Caráter "forfetário":

O caráter forfetário se traduz na responsabilidade que o empregador tem de efetuar o pagamento do serviço prestado através do salário, assumindo de forma exclusiva o risco do negócio.

c) Indisponibilidade:

A indisponibilidade do salário representa o fato do salário ser contraprestação da qual o trabalhador não pode renunciar, não podendo o trabalhador sequer transacionar acerca do mesmo, se a transação for lesiva.

d) Irredutibilidade:

O caráter da irredutibilidade do salário é característica diretamente ligada à da indisponibilidade.

Por ser direito indisponível do trabalhador, o salário não pode ser objeto de redução, salvo se a mesma ocorrer através de negociação coletiva.

Registre-se que mesmo nas negociações coletivas de trabalho que visam à redução salarial dos trabalhadores, se fazem necessárias a justificativa e a contrapartida, geralmente, a manutenção do nível de emprego e da própria empregabilidade dos trabalhadores abrangidos;

e) Periodicidade:

A periodicidade trata-se da marca essencial do salário, por ser este parcela de natureza sucessiva. No Brasil, a regra da periodicidade é o salário-base ser mensal;

f) Persistência ou continuidade:

A persistência ou continuidade decorre do fato do salário ser parcela de natureza sucessiva, devida de forma persistente e contínua pelo empregador durante todo o contrato de trabalho;

g) Natureza composta:

Verifica-se a natureza composta do salário já que o mesmo não se limita ao salário-base e sim de outras frações econômicas de conteúdo salarial como os adicionais, as comissões, prêmios, etc. ...

h) Tendência à determinação heterônoma:

Verifica-se que o salário, mesmo sendo objeto de estipulação unilateral ou bilateral das partes contratantes, se sujeita a imposições de vontade externa, manifestada por regras jurídicas.

No Brasil, trata-se de vontade externa com origem na norma heterônoma estatal, como verificado com a imposição do salário mínimo ou de vontade externa com origem em norma autônoma privada, como é o caso dos salários normativos estipulados nas Convenções ou Acordos Coletivos de Trabalho.

i) Pós-numeração:

Trata-se de característica essencial já que o salário somente é pago após a prestação dos serviços contratados.

Além das características centrais do salário, verificam-se outras, apontadas por parte da doutrina e refutadas por outra que discute a validade delas, quais sejam:

a) Caráter sinalagmático:

Depreende-se do fato da parcela salarial contrapor-se à obrigação do trabalhador de prestar os serviços contratados ou de estar à disposição para tanto.

Os doutrinadores que defendem que o caráter sinalagmático é característica essencial do salário afirmam que, mesmo nos casos de interrupção do contrato de trabalho, quando os empregados deixam de prestar serviços, mas continuam recebendo os salários, o sinalagma continua a existir pois encontra-se inserido no exame do conjunto do contrato de trabalho, uma vez que, sem o sinalagma salário *versus* trabalho sequer existirá a relação de emprego.

Os doutrinadores que discordam de tal posicionamento defendem que tal condição não se trata de um sinalagma e sim de uma causa do contrato. *Mauricio Godinho Delgado* registra que a tendência do Direito do Trabalho é a favor da redução da contraposição imediata entre salário e trabalho, ampliando as hipóteses de interrupção remunerada da prestação de serviços.

b) Caráter Comutativo:

Por tal característica, o salário teria equivalência econômica à prestação de serviços realizada pelo trabalhador a seu empregador.

Os doutrinadores que entendem que a comutatividade não é característica do salário, dentre eles *Maurício Godinho Delgado*, afirmam que "se houvesse efetiva equivalência econômica entre trabalho e salário, inexistiria, na relação de emprego, qualquer apropriação de mais-valia pelo empregador (ou se se quiser evitar o conceito de mais-valia, insista-se que simplesmente inexistiria lucro — o que é um contra-senso na atual realidade econômica-social)".

c) Proporcionalidade e correspondência:

Alguns doutrinadores também destacam a proporcionalidade e correspondência como característica do salário, segundo a qual a contraprestação pecuniária deveria ser proporcional ou corresponder à qualificação e capacitação profissional do empregado.

Mas a maior parte da doutrina afirma que na ordem jurídica brasileira não há como se verificar tal característica, uma vez que a legislação pátria em vez de propiciar a proporcionalidade entre o salário e as aptidões profissionais do empregado aponta para outra direção, limitando as diferenciações salariais.

d) Suficiência:

A característica da suficiência propõe que o salário deveria atender às necessidades vitais básicas do empregado e de sua família.

No Brasil o salário mínimo, conceitualmente tem este objetivo, constando do inciso IV do art. 7º da Constituição Federal de 1988 que deveria atender "moradia, alimentação, educação, saúde, lazer, vestuário, higiene, transporte e previdência social".

Mas fato é que, na prática, o que se verifica é que o salário mínimo legal não corresponde ao conceito idealizado na Carta Magna.

6.3. *CLASSIFICAÇÃO DO SALÁRIO*

Segundo *Mauricio Godinho Delgado*[2], a classificação do salário deve ser feita através de quatro tipologias principais:

a) Quanto ao posicionamento original da parcela no conjunto do Direito ou quanto à natureza da estipulação salarial:

Esta classificação permite a análise de duas modalidades de salário: parcelas salariais de caráter típico e parcelas de caráter apenas compatível com o Direito do Trabalho.

Nas parcelas salariais típicas inserem-se as modalidades de remuneração próprias do contrato de trabalho, como, por exemplo, o salário-base e os adicionais legais.

Compreendem-se parcelas atípicas ou meramente compatíveis com o Direito do Trabalho as decorrentes de outros segmentos jurídicos como ocorre por exemplo com as comissões que advêm do Direito Comercial.

b) Quanto à origem de fixação da parcela remuneratória:

Trata-se de classificação que também permite a análise de duas modalidades de salário distintas, as parcelas espontâneas e as parcelas imperativas.

Por parcelas espontâneas entendem-se aquelas que são instituídas por vontade unilateral do empregador ou bilateral das partes.

Parcelas imperativas são as instituídas por regra jurídica, externa à vontade das partes, como é o caso do salário-base que deve observar o salário normativo da categoria profissional (parcela imperativa decorrente de norma autônoma) ou na ausência deste o salário mínimo (parcela imperativa decorrente de norma heterônoma).

c) Quanto à forma de pagamento da parcela:

Esta classificação também autoriza duas modalidades de salário: a parcela salarial paga em dinheiro e a parcela salarial paga em utilidades (bens ou serviços).

d) Quanto ao modo de aferição do salário:

O modo de aferição do salário autoriza três modalidades de salário: o salário por unidade de tempo, salário por unidade de obra e salário-tarefa.

6.4. *PARCELAS SALARIAIS, DISSIMULADAS E NÃO SALARIAIS*

Verificadas as características do salário e as formas como pode ser classificado, vamos verificar quais as parcelas que a doutrina entende que são salariais, as que não são e as que se traduzem em parcelas simuladas.

---

(2) DELGADO, Mauricio Godinho. *Op. cit.*, p. 714.

6.4.1. *Parcelas salariais (composição do salário)*

Além do salário básico, devem ser consideradas parcelas salariais todas aquelas que forem pagas diretamente pelo empregador e que compõem o seu salário: comissões, gratificações, abonos, prêmios, 13º salário e os adicionais.

Abaixo uma breve análise de cada uma delas:

a) Salário Básico:

Trata-se da parcela mais relevante dentre as demais. É tipificada como contraprestação salarial fixa principal paga pelo empregador ao empregado e via de regra submete-se à periodicidade máxima mensal, nos termos do art. 459 da CLT.

b) Comissões:

São parcelas contraprestativas pagas pelo empregador ao empregado em decorrência de uma produção alcançada pelo empregado no contexto do contrato.

O sistema comissional pode ser puro ou misto.

No primeiro o empregado recebe apenas e tão-somente por comissões, tendo uma garantia mínima que somente será devida no caso do empregado não atingir o referido montante. O mínimo garantido deverá ser o salário normativo da categoria profissional a qual pertence o trabalhador ou na ausência de tal estipulação o salário mínimo vigente.

No segundo, o empregado terá uma parcela fixa acrescida das comissões . Sendo a comissão salário, sujeita-se à regra da irredutibilidade salarial prevista no inciso VI do art. 7º da Constituição Federal de 1988. O empregado poderá sofrer alteração nas condições de trabalho e na modalidade de salário, desde que concorde e que não sofra prejuízos.

c) Gratificações:

São parcelas contraprestativas pagas pelo empregador ao empregado em decorrência de um evento ou circunstância tida como relevante pelo empregador (gratificações convencionais) ou por norma jurídica (gratificações normativas).

As gratificações possuem natureza salarial, o que não quer dizer que irão integrar a remuneração do empregado para fins de pagamento das demais verbas contratuais. Tal integração somente irá ocorrer quando a gratificação for paga de forma habitual e sem a proteção de norma coletiva.

d) Abonos:

Consistem em antecipações pecuniárias efetuadas pelo empregador ao empregado. Trata-se do adiantamento salário previsto no parágrafo único do art. 457 da CLT.

Registre-se que a palavra abono tem sido utilizada com sentidos equivocados, que se diferenciam do acima, como ocorre com o abono de férias ou abono pecuniário que trata de parcela sem natureza salarial que decorre da conversão em pecúnia de 1/3 das férias anuais, conforme autorizado pelo art. 144 da CLT.

e) Prêmios:

São contraprestações pagas pelo empregador ao empregado em decorrência de um evento ou circunstância tida como relevante pelo empregador e vinculada à conduta individual ou coletiva do trabalhador,

Assim como as gratificações, os prêmios possuem natureza salarial, mas somente irão integrar a remuneração do autor se pagos habitualmente.

f) 13º Salário:

Consiste na parcela contraprestativa paga pelo empregador ao empregado, em caráter de gratificação legal, no importe da remuneração devida em dezembro de cada ano ou no último mês contratual, de forma proporcional, caso ocorra a rescisão contratual antes de dezembro .

g) Adicionais:

Os adicionais tratam-se de parcelas de caráter suplementar, decorrendo de uma parcela salarial principal e por isto, sua natureza indiscutivelmente salarial. É caso do adicional de horas extras, de insalubridade e de periculosidade.

O primeiro é calculado sobre o valor da hora ou sobre o total das comissões auferidas dividido pelo total de horas trabalhadas. Tanto o valor da hora, que é baseado no salário-base, como as comissões possuem natureza salarial e por esta razão a natureza do adicional segue o mesmo caminho.

A mesma regra se verifica nos outros adicionais: de transferência, de noturno, etc. ...

6.4.2. Parcelas salariais dissimuladas

As parcelas salariais dissimuladas são aquelas que, originalmente não possuem natureza salarial, mas que, em virtude de uma conformação ou utilização fraudulenta no contexto da relação empregatícia, passam a ser tratadas como salário.

Evidente que, se referidas parcelas não forem pagas ou concedidas regularmente, não teriam natureza salarial.

Exemplos de parcelas salariais dissimuladas (quanto pago habitualmente sem que o empregado comprove o gasto efetivo): ajuda de custo e diárias de viagem.

6.4.3. Parcelas não salariais (não compõem o salário)

Tratam-se de parcelas econômicas pagas ao empregado sem caráter salarial, ou seja, não são efetuadas com a qualidade e objetivo contraprestativos, são realizadas com distintas natureza e finalidade jurídicas.

a) Parcelas de natureza indenizatória:

As parcelas de natureza indenizatória são classificadas em dois grupos:

a.1) Indenizações por despesas reais

Se tratam de pagamentos realizados por conta de despesas já feitas ou a se fazer, sempre em função do contrato de trabalho.

Exemplos de indenizações por despesas reais:

- diárias para viagens
- ajuda de custo
- vale-transporte

a.2) Indenizações construídas a outros títulos

Trata-se do ressarcimento de direito trabalhista não fruído em sua integralidade, seja para reparar garantia jurídica desrespeitada, seja em face de outros fundamentos normativamente tidos como relevantes.

Exemplos de indenizações construídas: indenização de férias, aviso prévio indenizado, indenização por tempo de serviço, fundo de garantia, indenização especial por dispensa no mês anterior à data-base, indenizações convencionais e normativas por dispensa injustificada, indenizações por ruptura contratual incentivada, indenização pelo não recebimento do seguro-desemprego por parte do empregador, indenizações por danos morais, materiais e por dano acidentário de trabalho.

b) Parcelas de natureza meramente instrumental:

Define-se como parcela de natureza meramente instrumental aquelas utilidades (bens ou serviços) ofertadas pelo empregador ao empregado sem intuito contraprestativo, para viabilizar a própria realização do serviço contratado ou para aperfeiçoamento no processo de execução do trabalho.

Exemplos de parcelas de natureza meramente instrumental: uniformes, equipamentos de proteção individual.

Neste grupo se encontram, ainda, algumas parcelas instrumentais de bens e serviços concedidas pelo empregador, que, muito embora não cumpram efetivo papel instrumental à realização do trabalho, tiveram sua natureza salarial esterilizada por norma jurídica constitucional ou legal.

Exemplos de parcelas de natureza instrumental "atípicas": educação, saúde, transporte para o trabalho e retorno, seguro de vida e acidentes pessoais, previdência privada.

c) Parcelas pagas a título de direito intelectual:

Tratam-se de títulos de direito intelectual as parcelas pagas ao empregado em decorrência de um direito específico adquirido ao longo do contrato, com fundamento, estrutura e dinâmicas próprias, não se comunicando com o salário, por preservar natureza jurídica própria.

Exemplos de parcelas pagas a título de direito intelectual: direitos resultantes de propriedade intelectual, direitos de propriedade industrial, direitos intelectuais relativos a criação de *software*.

d) Parcela de participação nos lucros empresariais:

Parcela anteriormente assimilada à figura salarial das gratificações habituais, restou desvinculada desta linha de compreensiva por força de norma jurídica constitucional (art. 7º, XI, CF/88), podendo deixar de ser paga nos exercícios negativos apresentados pela empresa.

No entanto, somente a real participação nos lucros não guarda natureza salarial, necessitando para tanto que sua estipulação se faça mediante negociação coletiva ou através de comissão intra-empresarial com a participação de um representante do sindicato operário, arquivando-se o respectivo instrumento na entidade sindical.

e) Parcelas previdenciárias:

As parcelas previdenciárias são classificadas em dois grupos.

O primeiro são as parcelas oriundas da Previdência Oficial, consideradas as parcelas pagas ao empregado pelo empregador: salário-família e salário-maternidade.

O segundo, as parcelas oriundas do sistema de previdência, tal como a complementação de aposentadoria.

f) Parcelas pagas ao empregado por Terceiros:

São parcelas econômicas pagas diretamente por terceiro ao empregado, cuja natureza jurídica de cada uma delas não é, necessariamente a mesma. No entanto, sua natureza jurídica salarial é descartada em razão de ter origem externa à figura do empregador.

Exemplos de parcelas pagas ao empregado por terceiros: gorjetas; honorários de sucumbência; retribuição por publicidade, normalmente relacionada a contratos para utilização de imagem de atletas e artistas.

6.5. DOS LIMITES À LIBERDADE DE CONVENÇÃO DA REMUNERAÇÃO

Após uma análise no conceito, características e classificação de salário, se faz necessária uma reflexão sobre os limites à liberdade das partes na convenção da remuneração.

Viviane Vannes(3), ao tratar do contrato de trabalho em obra reconhecidamente de grande contribuição doutrinária para o direito belga, dedica uma seção inteira para o tema, e identifica seis aspectos sob os quais os limites à liberdade de convenção da remuneração devem ser analisados, dos quais destacam-se dois: as limitações legais quanto ao pagamento de salário em espécies e o princípio da legalidade da remuneração.

O primeiro aspecto tem como fundamento a proteção da remuneração do trabalhador, evitando assim práticas irregulares como o *truck system*.

(3) VANNES, Viviane. *Le Contrat de Travail: Aspects Théoriques et Pratiques*, 2ème éd. Bruxelas/Bélgica, 2003. p. 416.

Assim como no direito belga, no direito pátrio e em praticamente em todos os Países democráticos, o empregado não pode dispor da sua remuneração.

Tal abordagem é de extrema importância porque, no caso das *Stock Options*, ao empregado é concedida a oportunidade e não a obrigação de comprar e vender as ações recebidas, o que, em um primeiro momento poderia significar que tal concessão, em razão de tal característica, não teria natureza salarial.

Mas ao contrário, entende-se que tal característica, por si só, não é o suficiente para afastar a natureza jurídica salarial das *Stock Options*.

Outro argumento citado no texto mencionado é sobre o pagamento de salário *in natura*, sendo registrado que, no direito belga, assim como no Brasil, há liberdade para convencionar parte da remuneração em utilidades, mas a referida liberdade não é absoluta, já que é vedado a contraprestação pecuniária pelo trabalho somente através de utilidades.

A legislação brasileira é muito clara neste sentido, estipulando inclusive quais seriam alguns destes limites nos arts. 81 e 82 da Consolidação das Leis do Trabalho.

O segundo aspecto analisado pela referida obra belga é a legalidade da remuneração, que se identifica no direito pátrio com o princípio da isonomia salarial e da irredutibilidade salarial, que também devem ser objeto de análise na concessão das *Stock Options*.

Se reconhecida a natureza salarial das *Stock Options*, tais questões merecem especial atenção.

E mesmo que o entendimento seja no sentido de que a concessão é meramente mercantil, mas concedida em razão do trabalho, em face da relação de emprego, se cedida para uns e não para outros emergem discussões sobre discricionariedade e violação do instituto da isonomia de tratamento.

6.6. *ANÁLISE CONCRETA DE UM PLANO DE* STOCK OPTIONS

Após uma análise da doutrina pátria acerca do salário, suas características, classificação, parcelas salariais, dissimuladas e não salariais, propõe-se uma análise de um Plano de *Stock Options* concreto.

O Plano de *Stock Options* que se passa a analisar foi o utilizado pelo Citigroup nos anos de 1999 a 2001, de conhecimento público por ter sido juntado na reclamação trabalhista n. 01121200401202000, pelo reclamante, sem oposição da reclamada, cuja tradução foi realizada por tradutor juramentado, evitando assim qualquer distorção acerca do seu conteúdo.

Vejamos o conteúdo do Prospecto de 13 de fevereiro de 2002 que descreve as diretrizes do Plano de Concessão de Opções de Ações do Citigroup:

> "Conforme utilizado neste prospecto, o termo 'Citigroup' significa o Citigroup Inc., sociedade constituída em Delaware: 'Empresa' significa o Citigroup e suas subsidiárias; 'Comitê' significa o Comitê de Conselheiros, Remuneração e Pessoal do Conselho de Administração do Citigroup, ou qualquer outro comitê que houver substabelecido a autorização para administrar Planos.

Os termos e as condições e opções de ações concedidas de acordo com os Planos (doravante denominadas 'diretrizes do programa'), são determinadas pelo Comitê, podendo ser por este alteradas periodicamente, a critério deste. O Comitê poderá estabelecer diferentes diretrizes do programa para diferentes grupos de participantes.

Além disso, o Comitê poderá conceder opções de ações a expatriados ou outros funcionários que trabalharem fora dos Estados Unidos de acordo com as diretrizes de programa que o Comitê, ou seu nomeado, determinar. As diretrizes do programa para participantes que trabalharem fora dos Estados Unidos poderão ser ajustadas conforme necessário para que estejam em conformidade com as considerações reguladoras, contábeis, fiscais e legais locais.

As opções de ações e todas as outras concessões de incentivo são totalmente discricionárias, e não haverá direito de receber concessão de incentivo sem antes haver um contrato por escrito celebrado com a Empresa em contrário.

O recebimento de uma opção de ações ou de qualquer concessão de incentivo no passado não institui indicação nem garantia de que uma concessão de incentivo de qualquer tipo ou valor será feita no futuro, e, na ausência de contrato por escrito em contrário, a Empresa terá a liberdade de alterar suas práticas e políticas relacionadas a concessão de incentivo a qualquer momento.

A aquisição de direitos estará sujeita à confirmação e determinação final, pelo Comitê, informando o cumprimento das condições de aquisição de direitos. A menos e até que uma opção seja adquirida e exercida em relação a ações, esta não irá conceder nenhum direito de acionista.

O valor que poderá ser realizado a partir de uma concessão de incentivo de participação patrimonial, se houver, será contingente e dependerá do futuro preço de mercado das ações do Citigroup, entre outros fatores. Qualquer valor monetário atribuído a uma concessão de incentivo de participação patrimonial em qualquer comunicado sobre a concessão será contingente, hipotético ou apenas para fins ilustrativos, não exprimindo nem implicando nenhuma promessa ou intenção da Empresa de entregar a qualquer participante, direta ou indiretamente, nenhum valor em dinheiro determinado ou determinável.

O Citigroup poderá, a qualquer momento, alterar ou descontinuar os Planos ou qualquer parte dos programas de opções de ações descritos neste prospecto.

A empresa poderá guardar para si fundos ou valores mobiliários, diversamente devidos a um participante de acordo com seus programas de participação patrimonial para compensar quaisquer valores pagos pela Empresa a um terceiro em conformidade com qualquer laudo, sentença ou acordo de queixa, arbitragem ou ação judicial da qual esse participante tenha sido objeto; para cumprir qualquer obrigação ou dívida desse participante perante a Empresa; ou se uma concessão for cancelada de acordo com as diretrizes do programa.

Este documento não constitui contrato nem garantia de emprego contínuo por nenhum período determinado. Seu emprego sempre terá caráter de livre arbítrio.

ÍNDICE

Impostos

Informações sobre os Planos

Informações sobre o Citigroup/Para obter mais informações

COMO FUNCIONAM AS OPÇÕES DE AÇÕES

A concessão de opções de ações lhe dá a oportunidade de possuir ações ordinárias do Citigroup, tendo, então, a chance de receber dividendos e beneficiar-se com qualquer aumento no preço das ações com o passar do tempo.

O que é uma opção de ações?

A opção de ações será valiosa se o preço de mercado das ações ordinárias do Citigroup aumentar após você ter recebido sua concessão. O valor potencial de sua opção irá equivaler à diferença entre o preço de concessão da ação e o atual preço de mercado da ação, multiplicada pelo número de ações em sua opção. Essa diferença é geralmente denominada 'spread' ou 'ganho'.

Por exemplo, se você recebesse uma opção para comprar 500 ações a um preço de concessão de $50,00 por ação e, com o passar do tempo, o preço de mercado das ações ordinárias do Citigroup aumentasse em $20,00 totalizando $70,00 por ação, sua opção teria um valor potencial de $10.000,00 ($20,00 x 500 ações = $ 10.000,00).

Quando sua opção for adquirida, você poderá capturar seu valor potencial ao exercer a opção. O valor potencial de sua concessão de opções irá aumentar se o preço de mercado da ação aumentar. Obviamente, se o preço de mercado diminuir, o valor potencial de sua concessão de opções também irá diminuir.

Quem recebe a concessão de opções de ações?

As opções de ações consistem em concessões de incentivo discricionárias concedidas aos funcionários identificados pela administração sênior por seu desempenho e por serem indivíduos que contribuem e continuarão contribuindo para o sucesso a longo prazo do Citigroup.

Quem decide se receberei uma concessão?

Seu gerente é o responsável por recomendar que você receba uma concessão. Todas as recomendações atinentes aos indivíduos de sua unidade de negócios são analisadas e aprovadas pela administração sênior e, então, apresentadas ao Comitê para aprovação final.

As concessões de opções de ações são sempre discricionárias, e a decisão de efetuar a concessão depende de diversos fatores, inclusive seu desempenho individual. O fato de você receber uma concessão em determinado ano não constitui garantia ou indicação de que receberá concessão nos próximos anos.

Como se determina o tamanho de minha opção?

Seu gerente, com base nas diretrizes estabelecidas de tempos em tempos pela administração sênior, irá sugerir o número de ações da opção que você receberá.

Como se determina o preço de concessão?

O preço de concessão consiste no preço de fechamento das ações ordinárias do Citigroup na Bolsa de Valores de Nova York no dia de negociações imediatamente anterior à data de concessão.

Por quanto tempo minha opção de ações permanecerá em vigor?

Sua opção permanecerá em vigor por um prazo de vigência de 10 anos a contar da data da concessão (salvo se sua Notificação de Concessão de Opções de Ações ou seu Contrato de Concessão estabelecer outro prazo), desde que você continue trabalhando na Empresa.

Entretanto, seu direito de exercer a opção será cancelado quando de sua demissão, exceto em determinadas circunstâncias. (...)

Qual é o período de aquisição de direitos de minha concessão de opções de ações?

Sua Notificação de Concessão de Opções de Ações ou seu Contrato de Concessão irá indicar a primeira data de aquisição de direitos de sua opção, bem como o cronograma de aquisição de direitos.

Quando poderei exercer minha opção de ações?

Na maioria dos casos de concessões de opções, você poderá exercer até 20% das ações de sua opção a partir da primeira data de aquisição de direitos. Um adicional de 20% das ações será adquirido, podendo se exercido a cada aniversário sucessivo da primeira data de aquisição de direitos, até a opção ser totalmente adquirida. Após a opção ser totalmente adquirida, você poderá exercer todas as ações não exercidas a qualquer momento antes do término do prazo de vigência da opção.

Você poderá exercer sua opção por aumentos a partir de cada data de aquisição de direitos, ou poderá esperar para exercer o todo ou uma parte das ações adquiridas a qualquer momento antes do término do prazo de vigência da opção.

Se utilizar o método de recarga para exercer sua opção, a opção de recarga que você receber será adquirida em seis meses após a data em que houver exercido sua opção original (ou a última opção de recarga relacionada, se aplicável), e terá a mesma data de validade de sua opção original. (...)

Na condição de titular da opção, poderei votar proporcionalmente ao número de ações que detiver, ou receber dividendos?

Não. Até exercer sua opção e comprar ações, você não possuirá ações do Citigroup, não terá o direito de receber dividendos sobre suas ações, tampouco poderá votar como o faria um acionista efetivo.

Ao exercer sua opção e comprar ações, você possuíra ações, tendo, então, o direito de receber dividendos e podendo votar proporcionalmente ao número de suas ações em relação aos assuntos levantados em assembléia ordinária e em outras assembléias de acionistas do Citigroup.

Posso vender minha opção ou oferecê-la de presente a um membro da família?

Não. De acordo com as atuais diretrizes do programa, sua opção não pode ser vendida ou transferida a ninguém, salvo se você vier a falecer, caso em que sua opção poderá ser exercida por seu espólio em conformidade com as diretrizes do programa aplicáveis à sua concessão de opções.

O que acontece em caso de desmembramento de ações?

Desmembramentos de ações, conversões de ações e outros eventos ou ajustes que afetam o número de ações ordinárias do Citigroup em circulação irão resultar em um ajuste correspondente do número de ações e do preço de concessão de sua opção.

(...)

Como saber qual é o Plano que rege minha concessão de opções?

Sua Notificação de Concessão de Opções de Ações ou seu Contrato de Concessão irá especificar o Plano de acordo com o qual foi feita sua concessão.

Após sua opção ter sido adquirida, você poderá exercer a totalidade ou parte de suas ações em qualquer momento antes do término do prazo de vigência da opção, desde que continue trabalhando na Empresa.

Ao exercer sua opção, você precisará pagar o custo da opção (que equivale ao preço de concessão, multiplicado pelo número de ações exercidas), mais quaisquer impostos aplicáveis, comissões de corretagem e taxas associadas ao exercício de sua opção.

Serão denominadas ações adicionais aquelas que lhe emitirem após a cobertura do custo da opção, dos impostos aplicáveis, comissões de corretagem e das taxas. Essas ações adicionais serão entregues em sua conta mantida na Salomon Smith Barney (SSB) ou na Citicorp Investment Services (CIS).

As ações adicionais que lhe emitirem quando do exercício poderão estar sujeitas a uma restrição de venda, dependendo do Plano de acordo com o qual sua opção foi concedida, da data de sua concessão e do método de exercício que você escolheu. Essas restrições de venda estão relacionadas na página 8.

Como posso exercer minha opção de ações?

Em geral, já há cinco maneiras de exercer sua opção de ações. As atuais diretrizes do programa de cada um desses métodos de exercício estão descritas abaixo.

(...)

Métodos de Exercício:

a) Compra à vista (*Cash purchase*)

b) Swap de ações (*Stock swap*)

c) Recarga (*Reload*)

d) Venda no mesmo dia (*Same-day-sale*)

e) Venda descoberta (*Sell-to-cover*)

(...)

Há alguma outra restrição atinente à data em que poderia exercer minha opção ou vender as ações adquiridas mediante exercício? Até que ponto o método de exercício que eu escolher afetará a possibilidade de vender ações adicionais?

A empresa dispõe de uma política sobre negociação de valores mobiliários por funcionários do Citigroup. Todos os funcionários que têm acesso a informações não públicas importantes a respeito do Citigroup não podem comprar ou vender valores mobiliários do Citigroup enquanto detiverem essas informações importantes. A intenção desta política consiste em ajudar-lhe a evitar responsabilidade por *insider trading* (crime de abuso de informação privilegiada) ou aparência de impropriedade.

(...)

AO SAIR DO CITIGROUP

Em caso de demissão ou afastamento temporário, suas opções poderão ser canceladas antes do término do prazo de vigência, podendo haver mudanças na aquisição de direitos e na possibilidade de exercício de suas opções.

Disposições aplicáveis a todas as concessões de opções

As disposições abaixo são aplicáveis a concessões de opções feitas de acordo com todos os Planos cobertos por este Prospecto.

Se você:

a) Renunciar ou pedir demissão: encerra-se a aquisição de direitos, e suas opções expiram na data de sua demissão. Você poderá exercer opções adquiridas até a data de sua demissão, mas jamais após a data de validade da opção original;

b) Ficar inválido: Suas opções continuarão sendo adquiridas de acordo com o cronograma. Você poderá exercer opções adquiridas durante os primeiros 29 meses de sua invalidez. Caso você continue inválido após esse período de 29 meses, suas opções não adquiridas o serão imediatamente, e você poderá exercê-las por até dois anos após esse período, mas jamais após a data de validade da opção original;

c) Obtiver licença pessoal aprovada após 1.08.2000: Nos primeiros três meses de sua licença, a aquisição de direitos continuará. Se sua licença ultrapassar três meses, a aquisição de direitos será suspensa até você retornar ao trabalho e continuar trabalhando ativamente por 30 dias corridos. As opções adquiridas poderão ser exercidas durante sua licença. Em havendo demissão por qualquer motivo durante o primeiro ano de sua licença, serão aplicadas as disposições de demissão cabíveis. Se sua licença ultrapassar um ano, todas as opções serão imediatamente canceladas.

d) Obtiver licença família, auxílio doença, auxílio doença acidentário, licença militar ou outros afastamento legais: suas opções continuarão sendo adquiridas de acordo com o cronograma. Você poderá exercer opções adquiridas durante sua licença, mas jamais após a data de validade da opção original.

e) Falecer: Exceto conforme descrito abaixo, suas opções serão totalmente adquiridas se você vier a falecer, e seu espólio exercê-las por até dois anos após a data de sua morte,mas jamais após a data de validade da opção original.

• Se sua opção houver sido concedida de acordo com o Plano de 1997 a partir de 08.10.1998 e antes de 01.05.99, ou se uma opção de recarga houver sido concedida antes de 1.04.2001, em relação ao exercício de opções emitidas de acordo com o Plano de 1997, sua opção será totalmente adquirida na ocasião de sua morte. Seu espólio poderá exercer sua opção por até cinco anos após a data de sua morte, mas jamais após a data de validade da opção original.

• Se sua opção de ações houver sido concedida de acordo com o Plano de 1996 antes de 23.07.1997 ou de acordo com o Plano de 1986, a aquisição de direitos irá encerrar-se na ocasião de sua morte. Seu espólio poderá exercer sua opção adquirida a qualquer momento antes da data de validade da opção original.

f) For dispensado por justa causa: Encerra-se a aquisição de direitos, e suas opções expiram na data de sua demissão. Você poderá exercer opções adquiridas até a data de sua demissão, mas jamais após a data de validade da opção original.

g) For dispensado por iniciativa do empregador, inclusive quando a dispensa ocorrer através de Programa de Demissão Voluntária ou de Desativação de Cargos: Encerra-se a aquisição de direitos na data de sua demissão. Você poderá exercer opções adquiridas por até 30 dias após a data de sua demissão, mas jamais após a data de validade da opção original.

(...)"

Uma análise do Plano de Concessão de Opções de Ações acima permite o apontamento de algumas reflexões:

• O Plano de Opções de Ações analisado foi idealizado e formalizado pelo empregador e por esta razão seu conteúdo tem a preocupação de evitar ou minimizar riscos comerciais, societários, trabalhistas, fiscais e previdenciários;

• O Plano de Opções de Ações denuncia que a concessão de *Stock Options* pelas Empresas que compõem o Grupo Econômico do Citigroup ocorre desde 1986;

• A concessão das opções de ação possui caráter discricionário e retributivo, uma vez que os beneficiários da concessão são "indicados" por seus superiores hierárquicos por suas habilidades e pela contribuição já realizada e a realizar para o empregador; a quantidade a ser recebida também será objeto de decisão discricionária do superior hierárquico do empregado beneficiado autorizado para realizar tal concessão;

• As opções de ação recebida são pessoais, não podem ser objeto de negociação para terceiros, o que demonstra a característica de intransferibilidade das *Stock Options*;

• O plano prevê a carência direta: o empregado pode, no primeiro ano, exercer até 20% do lote recebido;

• Se o beneficiário optar por comprar as ações e permanecer com elas não apenas receberá dividendos como também poderá votar nas Assembléias Ordinárias da Empresa, proporcionalmente à quantidade de ações que possui;

• O Plano prevê a possibilidade do beneficiário utilizar-se dos cinco métodos de exercício citados no corpo deste estudo.

6.7. ANÁLISE CONCRETA DA CONCESSÃO DAS STOCK OPTIONS

Analisa-se a seguir um caso real. As informações abaixo foram obtidas através de documentos juntados em reclamação trabalhista, pelo próprio empregador.

A omissão da qualificação das partes e informações sobre a ação se justifica por ética profissional.

O Reclamante trabalhou em uma Sociedade Anônima de âmbito internacional por mais de 20 anos e em 1998, por iniciativa discricionária do empregador, lhe foi concedido o Plano de *Stock Options*, constando do seu Contrato de Adesão ao Plano e da Notificação de Inclusão ao Plano de Concessão de *Stock Options* que não haveria restrição de venda e que o método de exercício seria o *Same-Day-Sale*, ou seja, o da "Venda no mesmo dia".

Resultados financeiros, já livres de imposto de renda e taxa de corretagem:

Em 2 de dezembro de 1999 recebeu o valor de U$ 29,220.81 o que corresponde a aproximadamente R$ 60.000,00 (sessenta mil reais)(4);

---

(4) *Jornal da Tarde*. JT Economia. p. 16A. Cotação do Dólar em 15 de março de 2007: R$ 2,097.

Em 29 de novembro de 2000 recebeu o valor de U$ 41,196.37 o que corresponde a aproximadamente R$ 82.000,00 (oitenta e dois mil reais);

Em 20 de novembro de 2001 recebeu o valor de U$ 37,496.49 o que correspondente a aproximadamente R$ 74.000,00 (setenta e quatro mil reais)

Em 28 de novembro de 2002 recebeu o valor de U$ 27,059.70 o que corresponde a aproximadamente R$ 54.000,00 (cinqüenta e quatro mil reais).

Entre os meses de novembro e dezembro de 2003 receberia valor aproximado aos anteriores se não tivesse ocorrido a rescisão contratual.

Da situação fática acima depreende-se que:

• O Plano de *Stock Options* foi concedido ao Empregado de forma discricionária e com caráter retributivo, mas sem qualquer restrição ou vinculação no que se refere a cumprimento de metas ou performance;

• O Empregado teve lucros significativos e habituais (4 anos), já que no referido lapso temporal recebeu o valor médio anual de R$ 67.500,00 (sessenta e sete mil e quinhentos reais) o que corresponde na fração de 1/12 ao valor de R$ 5.625,00 (cinco mil, seiscentos e vinte e cinco reais) mensais.

• Nenhum valor foi pago pelo Empregado, já que o método de exercício foi o de "Venda no mesmo dia", o que significa que para o empregado, a concessão foi gratuita e não onerosa.

Não será apresentada uma posição, neste momento, sobre a natureza jurídica das *Stock Options* neste caso, para não viciar os argumentos que seguem sobre a questão.

6.8. NATUREZA JURÍDICA DAS STOCK OPTIONS

6.8.1. Posicionamento dos doutrinadores

6.8.1.1. Professora Icíar Alzaga Ruiz

Icíar Alzaga Ruiz[5] apresenta a discussão sobre a natureza jurídica das *Stock Options* distinguindo os argumentos favoráveis dos desfavoráveis à caracterização da natureza salarial do referido sistema.

Depois de tais apontamentos, apresenta uma reflexão sobre a natureza jurídica das *Stock Options* em duas fases distintas: a primeira refere-se ao período que antecede direito do trabalhador de exercer a opção e a segunda após o trabalhador ter exercido o direito.

Por ser de grande valia, se traduz abaixo suas principais observações:

a) Argumentos a favor da natureza salarial

O primeiro argumento a favor da natureza salarial das *Stock Options* apresentado é o caráter sinalagmático do referido sistema, uma vez que as referidas opções de ações são concedidas pelo empregador a determinados empregados com caráter retributivo.

(5) RUIZ, Icíar Alzaga. *Op. cit.*, p. 90.

O empresário introduz no contrato de trabalho uma parte variável do salário, determinada pela valorização das ações da empresa. A concessão seria concebida como um modelo de retribuição variável, baseada em parâmetros objetivos desenhados a partir do princípio de que o trabalhador presta um serviço melhor que irá repercutir no valor da empresa.

O segundo argumento é o fato das *Stock Options* serem concedidas como complemento salarial. O valor das ações da empresa concessionária sobe na Bolsa de Valores em razão de uma boa gestão de seus diretores e demais executivos e, em decorrência, tais empregados ou administradores recebem uma contraprestação complementar pelos resultados positivos, individuais, coletivos ou gerais, assim como podem ocorrer complementos globais, em alguns casos.

b) Argumentos contra a natureza salarial

O primeiro argumento desfavorável à natureza salarial das *Stock Options* é exatamente a inexistência do caráter não retributivo de tal concessão, na medida em que não há uma relação de causalidade ou sinalagmaticidade nem genérica, nem específica, com o trabalho prestado.

Para os que argumentam contra a natureza salarial da *Stock Options*, referido sistema trata de uma forma de interesse do trabalhador pelo andamento da empresa ou ainda, mera compensação econômica paga pelo empresário ao empregado para retê-lo na empresa.

E que o objetivo da concessão das *Stock Options* é coletivo, relativo à situação da empresa e não ao rendimento ou produtividade do trabalhador.

Argumenta-se também que ao empregado é dada a faculdade de exercer o direito de compra e vendas das ações o que afasta uma característica fundamental do salário, a irrenunciabilidade.

Outra questão é a característica da volatilidade das *Stock Options*, o que afasta a certeza de uma efetiva contraprestação.

Após ressaltados os argumentos acima, cita-se o entendimento da ilustre professora espanhola sobre a natureza jurídica das *Stock Options* em duas fases distintas do sistema de concessão.

a) A natureza jurídica das Stock Options *antes do trabalhador exercer o direito de opção*

Para a doutrinadora citada, antes do trabalhador exercer o direito de opção, não há como reconhecer a natureza jurídica salarial das *Stock Options*, já que tratase de mera expectativa de direito e não um direito certo e exigível.

b) A natureza jurídica das Stock Options *uma vez exercido o direito de opção*

Entende a doutrinadora espanhola citada que, uma vez exercido o direito de opção, a natureza jurídica das *Stock Options* é salarial, pelas razões abaixo:

- As *Stock Options* são concedidas como contraprestação pelos serviços prestados de forma dependente e por conta alheia;

• As *Stock Options* são concedidas como um complemento salarial em espécie;

• Na legislação trabalhista espanhola as *Stock Options* não estão inclusas nas contraprestações extra-salariais;

• O fato de existir a possibilidade das *Stock Options* serem concedidas por empresa diversa do empregador, mas que pertença ao mesmo grupo econômico não afasta a natureza salarial da concessão.

6.8.1.2. Professor Sérgio Pinto Martins

O doutrinador *Sérgio Pinto Martins*, em artigo já citado, no que se refere à natureza jurídica das *Stock Options* entende que a mesma é mercantil e não salarial, e para tanto, fundamenta que:

> "Estabelecer a natureza jurídica de um instituto é procurar enquadrá-lo na categoria em que se situa dentro do Direito.
>
> (...)
>
> O sistema de *Stock Options* não se assemelha à gratificação de balanço, pois não decorre do balanço da empresa, mas da opção feita. A empresa não está pagando um valor ao empregado por liberalidade, mas permitindo que faça a opção de compra das suas ações.
>
> O direito de opção não se enquadra no § 1º do art. 475 da Consolidação das Leis do Trabalho (CLT), pois não representa comissão, percentagem, gratificação ajustada, diárias para viagens ou abonos pagos pelo empregador. Não se trata de gratificações porque o empregador não paga o valor, mas o obreiro paga para obter o direito de comprar as ações. Envolve fatores aleatórios à companhia, que é a valorização das ações no mercado.
>
> É um prêmio? O prêmio no Direito do Trabalho é pago em virtude de um esforço do empregado. É um salário-condição. No caso, não há nenhum esforço do empregado. Ele trabalha normalmente, não ganha algo a mais pela prestação de serviços. O empregado não tem de atingir a condição estabelecida pelo empregador para fazer jus à opção de compra de ações.
>
> É claro que as utilidades não são apenas as mencionada no art. 76 da CLT, como alimentação, habitação, vestuário, higiene e transporte. O inciso IV do art. 7º da Constituição Federal de 1988 mostra outras utilidades, como as destinadas à saúde, ao lazer, à educação. A redação do art. 458 da CLT mostra que não têm natureza salarial outros acessórios utilizados no local de trabalho, como educação, assistência médica, hospitalar e odontológica, seguro de vida e de acidentes pessoais, previdência privada. Não se enquadra a *stock option* como espécie de salário-utilidade, pois não representa para o empregado um *plus* obtido com sua prestação de serviços, mas decorre do desempenho das ações da companhia.
>
> Não é espécie de participação nos lucros, pois a questão não decorre da existência de lucros, mas da valorização das ações do empregador.

Pode ser espécie de participação nos resultados, desde que fique demonstrado que tem relação com a produtividade da empresa, mas não exatamente como opção de compra de ações. É o que ocorre na *performance stock*. Quando se fala em produtividade, o empregador fixa uma meta para ser conseguida pelo empregado, que pode envolver vários fatores. No caso, não existe meta a ser obtida pelo desempenho pessoal do empregado. Logo, não pode ser participação nos lucros ou resultados, não se enquadrando na hipótese da Lei n. 10.101, de 19.12.2000.

Se se entender que a prestação é uma espécie de salário variável, o empregador também teria de pagar ao empregado a diferença entre o valor da opção e o valor de venda, se este último fosse menor do que o primeiro, pois o trabalhador não pode assumir os riscos de sua atividade (art. 2º da CLT). Entretanto, isto não ocorre.

Discutível também seria sua habitualidade no pagamento, pois ocorreria a cada três anos, em alguns planos, ou a cada cinco anos, em outros. Habitual seria o que estaria dentro de, no máximo, um ano e não mais, como ocorre para férias, gratificação natalina etc. ...

Não deixa, porém, de ser uma forma de integração do trabalhador na vida e no desenvolvimento da empresa, visando melhor inteirar a relação entre capital e trabalho.

O empregado não tem direito de opção como pagamento pela prestação de serviço na empresa. O ganho na venda das ações não é uma retribuição paga pelo empregador. Não existe contraprestação salarial. Trata-se de situação completamente alheia à prestação de serviços.

Não se poderia dizer que é remuneração a opção de compra em que o empregado tem prejuízo no mercado financeiro. O trabalhador assume o risco na opção de ganhar ou de perder, como no caso em que o preço das ações declina para preços inferiores aos da opção. O empregado assume, portanto, o risco da flutuação do valor das ações. Mesmo no caso em que o empregado exerce o direito de opção pelo sistema *cash less exercise*, em que o exercício é feito sem pagamento, o empregado assume o risco de ganhar ou perder ao vender as ações, de acordo com o valor obtido no mercado acionário.

Geralmente, a vantagem obtida pelo empregado com a revenda das ações é feita por corretoras autorizadas a operar no mercado acionário. Não é feita diretamente pelo empregador.

O *stock option* não pode ter natureza salarial, pois o empregado paga para exercer o direito de opção. Não é algo que lhe é dado de graça pelo empregador, que representa um *plus*. Para a configuração do salário-utilidade é preciso que a prestação seja fornecida gratuitamente ao empregado.

(...)

A natureza jurídica da opção de compra de ações é mercantil, embora feita durante o contrato de trabalho, pois representa mera compra e venda de ações. A opção envolve um ganho financeiro, sendo até um investimento feito pelo empregado nas ações da empresa. Por se tratar de risco do negócio, em que as ações ora estão valorizadas ora perdem seu valor, o empregado pode ter prejuízo com a operação. É uma situação aleatória, que nada tem a ver com o empregador em si, mas com o mercado de ações.

O plano de opção de compra de ações é operação financeira, e não salarial."

Em que pese o brilhantismo com o qual o ilustre professor defende o seu entendimento, como verificado no corpo deste trabalho, dependendo do método de exercício autorizado pelo empregador, a concessão será gratuita e não onerosa, não haverá riscos de perder e sim de deixar de ganhar, risco este, inclusive, que poderá ser minimizado por inúmeras alternativas, e ainda, dependendo da forma de carência estabelecida no plano de concessão, a habitualidade estará presente, inclusive nos parâmetros fixados como mínimos pelo fundamento acima, já que é autorizado o exercício do direito anualmente por 5 ou mais anos.

Estas particularidades merecem uma análise profunda, em razão da especificidade deste trabalho.

6.8.1.3. Professor Marcel Cordeiro

O Dr. *Marcel Cordeiro*[6], em monografia apresentada sobre o tema, entende que há várias espécies do gênero planos de opção de ações (*Stock Options plans*), e que em dois deles (*Stock Purchase* e *Restricted Stocks*) a natureza é salarial e não mercantil, em razão da ausência de onerosidade, da habitualidade e da contraprestatividade da vantagem, uma vez que é concedida pelo trabalho e não para o trabalho.

6.8.2. Natureza jurídica das Stock Options *determinada pelas características dos planos de concessão e métodos de exercício*

Após a exposição acima, há o mínimo de conforto para adentrar-se na discussão acerca da natureza jurídica das *Stock Options* e estabelecer uma opinião fundamentada sobre o tema.

Com relação a 1ª e 2ª fases da concessão das *Stock Options*, em que o empregado recebeu a oportunidade de exercer o direito de opção de ações e a fase em que a carência já lhe autoriza o exercício facultativo, corrobora-se com o entendimento e com os fundamentos apresentados pela ilustre professora espanhola: *não há que se falar na natureza jurídica salarial das Stock Options*.

Após o empregado ter exercido o direito às opções de ações, entende-se que será o conteúdo do Plano de Concessão, do Contrato ou Notificação de Concessão das *Stock Options* que irá definir a natureza jurídica do referido sistema.

Como ensina o ilustre doutrinador *Maurício Godinho Delgado*, na classificação transcrita no corpo deste estudo, trata-se de parcela não salarial aquela que não possui caráter contraprestativo.

---

(6) CORDEIRO, Marcel. *A natureza salarial dos valores distribuídos por meio dos planos de opção de ações*, p. 69-70.

Assim, o primeiro aspecto a ser analisado é se a concessão das *Stock Options* possui caráter retributivo, contraprestativo.

Se o Plano de *Stock Options* instituído pelo Empregador, conferir o direito à opção de ações a *todos* os seus empregados, mesmo que de forma gratuita, sem qualquer discricionariedade, *não há que se falar em contraprestação, o que afastaria, já de início a natureza jurídica salarial do referido sistema.*

Nesta hipótese o que ocorre é um negócio. A empresa é vista como uma comunidade e se comporta como tal, oferecendo vantagens para aqueles que fazem parte da mesma.

Trata-se de um incentivo global para todos os empregados, como ocorre por exemplo quando o Empregador autoriza seus empregados a comprar os seus produtos com desconto. Quando um Banco lança um programa para seus correntistas oferecendo desconto em troca de ingressos, quando a bandeira do Cartão de Crédito oferece a seus usuários pontos para a aquisição gratuita de mercadorias.

Contudo, o que geralmente ocorre é que os Planos de Concessão beneficiam apenas e tão-somente os altos executivos, nestes casos, verifica-se o primeiro passo para caracterizar a natureza jurídica das *Stock Options* como salarial: o caráter retributivo.

Mas para que um título seja considerado salário, não basta a configuração do caráter retributivo, há que se verificar se possui natureza gratuita ou onerosa.

Como já salientado acima, o ilustre doutrinador *Sérgio Pinto Martins*, em artigo específico sobre a natureza jurídica das *Stock Options* e também no acórdão n. 20030145141, de processo em trâmite perante o Tribunal Regional do Trabalho da 2ª Região, do qual foi relator, o sistema de *Stock Options*, se concedido a título oneroso, possui natureza mercantil.

Mas tal análise irá depender do conteúdo dos Planos de Concessão da *Stock Options*, em especial no que se refere ao método de exercício por ele autorizado ou imposto.

Nos Planos que contemplam os métodos de exercício "venda no mesmo dia *(same-day-salle)*" e "venda descoberta *(sell-to-cover)*" por exemplo, a concessão das *Stock Options* é 100% gratuita.

Nos referidos métodos de exercício depreende-se outra característica: há acúmulo de patrimônio por parte do empregado, uma vez que somente ocorrerá o exercício se ele tiver a probabilidade de ganho. Evidente que, sendo facultativo o exercício da opção de ações, o beneficiário não irá exercê-lo se o valor da emissão for superior ao valor do mercado.

Verifica-se que nos referidos métodos outra característica salarial se manifesta, a habitualidade. Se analisado que o tipo de carência estabelecida no plano é a direta *(straight vesting)* ou a em passos *(step vesting)*, não há como afastar a habitualidade da vantagem.

Sendo contraprestativo, gratuito, habitual e agregando valor ao patrimônio do empregado, a natureza jurídica das *Stock Options* é salarial.

Agora, nos métodos de exercício "compra a vista *(cash purchase)*", "*swap* de ações *(swap stocks)*" e "recarga *(reload)*", o caráter mercantil das *Stock Options* é muito claro.

Ao comprar as ações, afasta-se o caráter gratuito da sua concessão já que o beneficiário paga o preço da emissão para adquiri-las e assume o risco em razão da característica da volatilidade da *Stock Options*.

Outro aspecto é o fato do empregado, ao comprar as ações e ficar com as mesmas, passa a assumir o risco do negócio. Se as ações despencarem na Bolsa de Valores, não terá lucro, ao contrário, poderá inclusive ter prejuízos e não reaver sequer o valor que investiu. Nestas hipóteses, sim, o empregado figura como um investidor e a natureza jurídica das *Stock Options* não pode ser outra: comercial, mercantil.

Assim, conclui-se que, a concessão de *Stock Options* poderá ter natureza jurídica salarial ou não, dependendo da forma como concedida.

Desta conclusão emergem duas questões:

Primeira questão: O que possui natureza salarial: as *Stock Options* propriamente ditas, o valor de emissão, o valor de mercado ou o lucro obtido?

Uma vez fixado o posicionamento de que a concessão terá natureza salarial apenas quando o empregado utilizar-se dos métodos de "venda no mesmo dia" ou "venda descoberta" e quando a carência estabelecida for a "direta" ou "em passos", a resposta é clara: o lucro obtido é que terá natureza salarial.

Segunda questão: Sendo o "lucro" a parcela a ser considerada com natureza salarial, do que se trata? Como pode ser classificada na doutrina e na legislação pátria? É salário, remuneração, salário *in natura*?

Com base no estudo apresentado nos itens "6.1; 6.2; 6.3 e 6.4", do qual ora se "apropria", com as devidas referências, acerca do entendimento do ilustre doutrinador *Mauricio Godinho Delgado* a respeito das características e classificação do salário, sugere-se a classificação das *Stock Options* como salário *in natura*, sendo que o seu produto, "o lucro", se enquadraria como parcela salarial dissimulada variável, parte integrante da remuneração.

CAPÍTULO 7

EFEITOS JURÍDICOS DA CONCESSÃO DAS *STOCK OPTIONS* NA RELAÇÃO DE EMPREGO

É de extrema importância verificar a natureza jurídica das *Stock Options* concedidas pelo empregador ao empregado, já que tal análise irá determinar os efeitos que a concessão irá gerar.

Mas de que efeitos está se falando?

No caso em questão, são dois os efeitos que interessam, se a concessão das *Stock Options* integra e/ou incorpora o salário e o contrato de trabalho formalizado entre as partes, para fins trabalhistas, previdenciários e fiscais.

Integrar a remuneração significa que o título concedido possui natureza salarial, e que por esta razão deve fazer parte da base de cálculo do empregado para fins de recolhimentos previdenciários, fiscais e para o pagamento de verbas contratuais (FGTS, 13º salários, férias + 1/3) e rescisórias (multa dos 40%, aviso prévio, etc.).

Incorporar ao contrato de trabalho significa fazer parte do pacto laboral e por esta razão se traduz em condição de trabalho estipulado bilateralmente pelas partes, ou unilateralmente pelo empregador. O efeito é de direito adquirido, aquele que não poderá ser suprimido em prejuízo do trabalhador, nos termos do art. 468 da CLT.

Nesta seara são duas as análises que devem ser realizadas: se a concessão das *Stock Options* integra e/ou incorpora a remuneração, o contrato de trabalho e quais os efeitos decorrentes.

A questão da integração ou não está dirimida acima, através da posição consolidada no sentido de que as concessões exercidas através dos métodos "compra e venda no mesmo dia *(same-day-sale)*" e "venda descoberta *(sell-to-cover)*" possuem natureza salarial e o lucro obtido integra a remuneração do empregado, enquanto que as concessões exercidas através dos métodos "compra a vista *(cash purchase)*", "*swap* de ações" e recarga *(reload)* não possuem natureza salarial e sim comercial.

Se a concessão incorpora ou não é outra questão e irá depender da forma como tal benefício foi concedido.

Se a concessão for realizada desde o início do contrato de trabalho, como condição da relação de emprego, como é o caso dos "pacotes" oferecidos no ato da contratação dos altos executivos com o objetivo de captação de talentos no mercado, irá incorporar ao contrato de trabalho, aderindo ao mesmo, não podendo ser aceito se tal supressão causar prejuízo ao trabalhador.

Se a concessão for feita através de ato potestativo do empregador, não há que se falar na incorporação do referido benefício no contrato de trabalho, salvo nas hipóteses em que a natureza jurídica for considerada salarial e a concessão for habitual. Nesta hipótese irá incorporar o contrato de trabalho do empregado, como condição e não poderá mais ser suprimida, salvo se pactuada situação for mais benéfica para o empregado.

7.1. DURANTE A RELAÇÃO DE EMPREGO

a) Natureza não salarial

Nas hipóteses em que a natureza jurídica das *Stock Options* for considerada meramente comercial, não há que se falar na integração do referido benefício na remuneração do empregado para nenhum fim.

Mas, uma vez concedido o benefício, independentemente da discussão acerca da natureza jurídica do mesmo, o direito outorgado ao empregado de exercer as opções deverá ser observado, não podendo lhe ser retirado, salvo hipóteses previamente constantes do Contrato ou Termo de Concessão.

Um exemplo seria o empregador conceder um lote de *Stock Options* ao empregado e, sem que nada tenha sido alterado na relação de emprego, resolver anular a concessão, por mera política administrativa interna.

Entende-se que, mesmo que a concessão não seja habitual e sim única, com relação a ela impera o direito adquirido do beneficiário de, ultrapassada a carência estabelecida, exercer o direito de opção do referido lote. A expectativa de direito limitar-se-ia a eventual aferição de lucro. Neste contexto, uma vez ultrapassado o período de carência estabelecido, a concessão não poderia ser retirada.

A exceção à regra ocorre apenas no caso de constar expressamente no Plano, Contrato ou Termo as hipóteses nas quais as concessões seriam consideradas nulas.

Isto porque, mesmo sendo a concessão considerada um negócio entre as partes, o negócio gera efeitos. A título comparativo citamos os pontos creditados ao usuário de cartão de crédito, em decorrência de um programa de fidelidade. É negócio sem natureza empregatícia, mas se traduz em direito adquirido do usuário. Se as partes firmarem compromisso de que a utilização do cartão de crédito irá gerar pontos, e que estes poderão ser objeto de troca por vantagens, mesmo que concedido por liberalidade pelo emissor, irá gerar efeitos em prol do usuário, não podendo ser glosada a vantagem previamente pactuada.

b) Natureza salarial

Se o entendimento for no sentido de que a natureza jurídica das *Stock Options* é salarial, então o valor recebido deverá integrar o salário para fins de recolhimento do FGTS e INSS.

Mas há outra particularidade. Se a concessão das *Stock Options* gerar uma contraprestação pecuniária habitual, então, além de integrar a remuneração para fins de recolhimentos fundiários e previdenciários, o lucro recebido a este título também deverá ser observado para fins de pagamento das demais verbas contratuais: férias acrescidas do 1/3 Constitucional e 13º salário.

Verifica-se a hipótese fática citada no item 6.7 deste estudo. Trata-se de um Plano de Concessão no qual o método de exercício é o da compra e venda no mesmo dia e a carência estipulada é o da carência direta *(straight vesting)* no qual o beneficiário teria o direito de exercer suas opções em 5 anos, no percentual de 20% em cada um.

No caso citado, durante cinco anos o empregado recebeu o lucro entre o valor da emissão e o valor de mercado, na média R$ 67.000,00 (sessenta e se mil reais) anuais, o que corresponde, na fração de 1/12 (um doze avos) a aproximadamente R$ 5.000,00 (cinco mil reais) mensais.

Entende-se que o próprio Plano acabou por estipular a habitualidade do referido lucro, imperando a integração do referido ganho na remuneração do empregado, na razão de 1/12 (um doze avos), para fins de pagamento do 13º salário e férias acrescidas de 1/3.

Verificada a questão da integração ou não e de seus efeitos, há que ser verificada a questão da incorporação.

Neste ponto deverão ser analisados o Plano, Contrato e/ou Notificação da Concessão das *Stock Options*.

Há hipóteses em que o empregado é contratado e, desde o início da relação, lhe é oferecida a concessão das *Stock Options*. Nestas hipóteses, não há como afastar a incorporação da referida concessão no contrato de trabalho, por se tratar de condição estabelecida entre as partes inerente ao próprio contrato de trabalho.

Assim sendo, a concessão das *Stock Options* (e não o lucro) fará parte integrante do contrato de trabalho formalizado entre as partes e não poderá ser suprimido ou alterado sem a concordância expressamente formalizada da parte contrária e desde que não traga prejuízos ao empregado, em respeito ao art. 468 da Consolidação das Leis do Trabalho.

Outra hipótese é a que se depreende do Plano de *Stock Options* do Citigroup, transcrito no item 6.6, no qual a concessão foi oferecida ao trabalhador no curso do contrato de trabalho, sendo formalizado de forma expressa que se trata de ato unilateral do empregador, concedido por liberalidade.

Nesta seara, conclui-se que a concessão não incorpora o contrato de trabalho, o empregador poderá deixar de conceder *Stock Options*. O que incorpora é o conteúdo do Plano, restrito à sua vigência e objeto, o que quer dizer que não há obrigatoriedade do empregador continuar a instituir novos Planos, mas o que já foi concedido, se ultrapassada a carência, deve ser respeitado.

7.2. *NA RESCISÃO CONTRATUAL*

No que se refere à base de cálculo para o pagamento das verbas rescisórias, não tendo natureza salarial, eventual lucro obtido pelo empregado não irá integrar a remuneração para fins de pagamento das verbas rescisórias.

Sendo reconhecida a natureza salarial, somada ao reconhecimento da sua habitualidade, evidentemente, o lucro fará parte integrante da remuneração para tal fim, na proporção mensal.

Mas, além dos efeitos pecuniários relativos às verbas salariais, persiste outra questão: Com relação às opções já concedidas ao empregado, ele terá direito de exercê-las se for dispensado antes de tê-lo feito?

Antes de adentrar na análise da questão, há que ser ressaltado que os Planos de *Stock Options* são elaborados de forma unilateral, ou seja, pelo próprio empregador.

Em que pese o conteúdo dos Planos, não poderá haver estipulação que viole direitos adquiridos dos beneficiários.

Partindo desta premissa, sugere-se que a questão seja analisada a partir de um divisor de águas: a carência.

Na hipótese da carência já ter sido satisfeita e a concessão estiver dentro do prazo de validade, posiciona-se que o empregado não tem mais a expectativa e sim o direito de exercer a opção. Por esta razão, terá o direito de fazê-lo, independentemente da modalidade da rescisão contratual. Assim, mesmo que tenha pedido demissão ou ainda, que tenha sido dispensado por justa causa, já tinha o direito ao exercício, podendo realizá-lo.

Na outra hipótese, se o período da carência não foi satisfeito, se o empregado for dispensado por iniciativa do empregador por justa causa ou se pedir demissão, como ainda não tinha o direito, não lhe será assegurado o exercício da opção.

Contudo, se a dispensa por iniciativa do empregador ocorrer de forma arbitrária, evidente que a carência não irá se satisfazer por culpa do empregador, devendo ser assegurado ao empregado que, após a carência, possa exercer a opção que lhe fora conferida.

7.3. *NAS HIPÓTESES DE AFASTAMENTO*

São espécies de afastamento do empregado a interrupção e a suspensão do contrato de trabalho.

Na legislação pátria não há distinção pontual entre suspensão e interrupção do contrato de trabalho.

A CLT possui capítulo próprio para o tema, o IV, do Título IV, denominado "Da suspensão e da Interrupção", referindo-se ao contrato individual de trabalho; mas na leitura dos dispositivos legais elencados no referido título, a diferenciação entre os dois institutos não é clara.

O art. 471 da CLT dispõe apenas que:

> "Ao empregado afastado do emprego, são asseguradas, por ocasião de sua volta, todas as vantagens que, em sua ausência, tenham sido atribuídas à categoria a que pertencia a empresa."

Tal verificação é importante no que refere-se aos efeitos de cada um dos institutos no contrato de trabalho que vigora entre as partes.

Outra consideração importante é que o título induz a equívocos, uma vez que a suspensão e a interrupção do contrato de trabalho tratam-se de espécies de afastamento dc emprego, não havendo que se falar em cessação da relação havida entre as partes, ou seja, não há a ruptura do contrato de trabalho e sim a ausência de prestação de serviços.

Uma vez que o empregado não está trabalhando, o que deverá ser analisado é a contraprestação pecuniária paga pelo empregador, bem como as demais verbas e títulos contratuais e acessórios, como o caso da concessão das *Stock Options*: se são devidos pelo empregador ou não.

Em determinadas situações, algumas ou todas as cláusulas do contrato de trabalho deixam de produzir efeito temporariamente, ocorrendo a interrupção ou suspensão do contrato de trabalho.

Abaixo as principais causas de suspensão e interrupção e seus efeitos no contrato de trabalho.

a) Interrupção

Na interrupção do contrato de trabalho, diferentemente da suspensão, ocorre a paralisação parcial do contrato de trabalho, pois o empregado não é obrigado a prestar serviços, porém o período é contado como tempo de serviço e o empregado recebe seus salários.

A interrupção do contrato de trabalho ocorre, entre outras, nas seguintes hipóteses:

a) licença-maternidade;

b) repousos semanais remunerados e feriados;

c) gozo de férias anuais;

d) faltas justificadas pelo empregador;

e) falecimento do cônjuge, ascendente, descendente, irmão ou pessoa que, declarada em sua CTPS, viva sob sua dependência econômica (até 2 dias);

f) casamento (até 3 dias);

g) licença-paternidade (5 dias);

h) doação voluntária de sangue devidamente comprovada (um dia em cada 12 meses de trabalho);

i) alistamento como eleitor (até 2 dias consecutivos ou não);

j) primeiros 15 dias de afastamento por motivo de doença;

k) faltas ocasionadas pelo comparecimento para depor, quando devidamente arrolado ou convocado;

l) no período de tempo em que tiver de cumprir as exigências do serviço militar, como por exemplo apresentação das reservas ou cerimônia cívica do Dia do Reservista;

m) nos dias em que estiver comprovadamente realizando provas de exame vestibular para ingresso em estabelecimento de ensino superior;

n) pelo tempo que se fizer necessário, quando tiver que comparecer em juízo.

b) Suspensão:

Quando o contrato de trabalho estiver suspenso, o empregado não recebe salários e o período não é computado como tempo de serviço.

Cessada a causa que ensejou a suspensão, o contrato de trabalho é revigorado em sua plenitude, tendo o empregado direito, inclusive, a eventuais aumentos salariais que tenham sido concedidos à categoria a que pertence na empresa.

O contrato é suspenso, entre outras, nas seguintes hipóteses:

a) faltas injustificadas ao serviço;

b) período de suspensão disciplinar;

c) período em que o empregado estiver recebendo auxílio-doença ou aposentadoria por invalidez (enquanto não se tornar definitiva a aposentadoria), pagos pela Previdência Social;

d) até a decisão final do inquérito ajuizado contra empregado estável acusado de falta grave, em que fique comprovada referida falta ou o tribunal do trabalho não determine a reintegração do empregado (porque se determinar a reintegração ou a indenização substitutiva haverá o pagamento e se tornará interrupção);

e) tempo em que o empregado se ausentar do trabalho para desempenhar as funções de administração sindical ou representação profissional, que será considerado como de licença não-remunerada, salvo assentimento da empresa ou cláusula contratual;

f) tempo em que o empregado se ausentar para o exercício de encargo público;

g) participação do empregado em curso ou programa de qualificação profissional oferecido pelo empregador;

h) período em que o empregado estiver em greve;

i) empregado eleito para ocupar cargo de diretor (Súmula de Jurisprudência n. 269 do C. TST).

Dentre todas as hipóteses de interrupção, verifica-se que em razão do lapso de afastamento ser muito pequeno, não há repercussão no que se refere à concessão das *Stock Options*, já que estas são concedidas com um período de carência geralmente de um ano e com validade superior a no mínimo 2 anos.

Dentre as hipóteses de suspensão, a mais significativa é a última, já que nesta, o diretor eleito fica com o seu contrato suspenso, estando afastada a natureza empregatícia da relação, passando a ser uma relação de trabalho em *lato sensu*, ou seja, sem subordinação jurídica.

Nestes casos não se verifica nenhum impedimento para a continuidade do então Diretor no Plano de Concessões, sendo que, na maioria das vezes, é exatamente nesta transição, quando da eleição e da suspensão do contrato, que o plano de *Stock Options* é concedido ao empregado.

Agora, nas demais hipóteses de suspensão, devendo ser consideradas aquelas que resultem em um lapso temporal significativo, os efeitos da concessão das *Stock Options* durante o período de afastamento irá depender do entendimento acerca da natureza jurídica do referido benefício, assim como se tal concessão incorporou ou não o contrato de trabalho.

Se as *Stock Options* foram concedidas sem nenhum caráter salarial, trata-se então de um negócio entre as partes e o Plano deverá conter as regras a serem observadas nas hipóteses de afastamentos, inclusive se o período do afastamento será objeto de dedução da carência estipulada. Não contendo, trata-se de um negócio, que não possui nenhuma ligação direta com o trabalho individual do empregado e os afastamentos não poderão prejudicar o beneficiário.

Agora se o entendimento é que a *Stock Options* se configura como salário *in natura*, que o lucro se trata de parcela variável que integra a remuneração do empregado e que a concessão incorporou o contrato de trabalho do empregado, a situação é outra. Entende-se que o empregador, nestas hipóteses, merece a proteção da doutrina e jurisprudência.

Partilha-se do entendimento de que, não havendo trabalho, não há que se falar no pagamento de salário e, por conseqüência, ficam suspensos todos os benefícios, pecuniários ou não, concedidos em retribuição ao trabalho, salvo aqueles relacionados à saúde do trabalhador (assistência médica) na hipótese de suspensão do contrato por doença ocupacional ou acidente do trabalho.

Nesta linha de raciocínio, o empregado afastado somente teria direito ao exercício das opções se, quando do afastamento, a carência já houvesse sido satisfeita, devendo ser suspensa a contagem da mesma durante o afastamento.

7.4. STOCK OPTIONS *COMO OBJETO DE NEGOCIAÇÃO COLETIVA*

Nas pesquisas que foram realizadas para este trabalho, não se verificou em nenhuma norma coletiva brasileira a ocorrência de concessão das *Stock Options* como objeto de negociação coletiva.

Mas não se pode deixar de ressaltar a proteção jurídica que as normas coletivas (Convenções ou Acordos Coletivos de Trabalho) são capazes de conferir para as novas tendências da relação de emprego.

Há ausência de legislação específica sobre as *Stock Options* e acerca de inúmeras outras novas condições de trabalho estipuladas entre as partes da relação de emprego.

Em muitas destas situações, as normas coletivas, em especial os Acordos Coletivos de Trabalho, por sua especificidade, estão suprindo as lacunas e auxiliando as partes contraentes das relações de emprego a melhores condições de trabalho.

As normas coletivas, por si só, não teriam o condão de afastar a natureza jurídica salarial das *Stock Options*, tanto é que no cenário pátrio se verifica a Previdência Social "glosando" cláusulas normativas pactuadas, alterando a natureza jurídica de um determinado título e cobrando recolhimentos previdenciários sobre os mesmos, como é o caso das participações nos lucros e/ou resultados das empresas estipulados sem qualquer critério nas referidas normas.

Mas é evidente que poderiam esclarecer procedimentos, inclusive no que se refere ao caráter discriminatório da referida concessão, aos efeitos quando das rescisões contratuais e afastamentos. Observados os ditames legais, a negociação coletiva poderia proteger as partes contraentes de discussões futuras desnecessárias.

Assim, em que pese não ter sido verificada nenhuma norma coletiva tendo por objeto a concessão de *Stock Options*, fica uma indagação: Por que não?

Muitos benefícios poderiam ser usufruídos por empregados e empregadores, sem ferir direito de terceiros.

CAPÍTULO 8

STOCK OPTIONS NO DIREITO ESTRANGEIRO

8.1. ESTADOS UNIDOS

Como já ressaltado no histórico, as *Stock Options* surgiram nos Estados Unidos na década de 50, no contexto da "nova economia americana".

Em julho de 2003, foi aprovada uma nova lei nos Estados Unidos, a Lei *Sarbanes-Oxley*, como reação aos grandes escândalos contábeis de empresas como a *Enron* e a *WorldCom*.

A referida lei representa uma profunda reformulação no mercado de capitais norte-americano e regulamenta princípios que devem ser seguidos com base em quatro práticas essenciais:

a) compliance (seguir as regras estabelecidas);

b) accountability (obrigação de prestar contas);

c) disclosure (transparência de informações) e

d) fairness (eqüidade para os acionistas).

Também foi criado nos Estados Unidos a FAZ 123 (R) aplicável aos balanços relativos a exercícios contábeis iniciados após 1º de julho de 2005 e tem por escopo obrigar as empresas a contabilizar as *Stock Options* como despesa, assim como exigir que seja estipulado o seu valor potencial ou esperado.

8.2. EUROPA

Na Europa, as *Stock Options* surgiram na década de 60.

A principal distinção entre o sistema das *Stock Options* dos Estados Unidos e dos Países da Europa é a espécie de carência estipulada. Nos Estados Unidos a carência trata-se de um lapso temporal, enquanto que nos Países da Europa é estipulado uma data ou as datas específicas em que o beneficiário poderá exercer o direito de compra parcial ou total das ações.

A doutrina estudada é unânime em identificar que o sistema de carência americano é muito mais flexível que o modelo europeu, já que dá ao beneficiário a possibilidade de auferir maiores lucros, já que o mercado é extremamente volátil e podendo exercer o direito de compra e vendas das ações recebidas em um lapso temporal, pode-se escolher o melhor dia, o melhor mês, bastando para tanto observar a validade da concessão.

Sobre a concessão de *Stock Options* na França, *Jean Pélissier*, *Alain Supiot* e *Antoine Jeamaud*, na obra "Droit du travail"[(1)] no Título 4, em que trata de "Conditions et rémunération du travail" ("Condições e remuneração do trabalho") e no Subtítulo "La rémunération du travail" (A remuneração do trabalho) dedicam uma seção específica para o tema, conforme abaixo transcrito e devidamente traduzido:

"**Seção 3. A Participação no Capital.**

1061. Aquisição e distribuição de ações.

Idéia antiga, o *actionnariat salarié* [ou participação financeira de trabalhadores assalariados no capital das empresas] teve nos últimos anos uma revalorização na Europa, especialmente pela influência do modelo social americano. É preciso distinguir diferentes tipos de regimes: onerosos e gratuitos.

A distribuição de ações, podendo aliás ser escolhida como modalidade da participação obrigatória, raramente o foi.

Por ocasião de uma emissão, leis sucessivas facilitaram a aquisição das ações das sociedades [empresas] por seu próprio quadro de empregados. Inspiradas pelo "capitalismo popular" e os stock-options do direito americano, seu sucesso na França parece limitado aos quadros diretores, na medida em que elas possibilitam a isenção de impostos sobre uma parte de sua remuneração.

A disposição de 21 de outubro de 1986 adicionou novos benefícios a esta lei que as privatizações, por sua vez, já encorajavam (lei de 6 de agosto de 1986).

Com autorização da assembléia geral dos acionistas e sob condições fixadas pelo conselho administrativo ou o diretório da sociedade [ou empresa], opções de participação em ações podem ser consentidas a certos assalariados. O preço de cessão obedece a regras precisas (curso de bolsa médio dos valores do nítido ativo), mas pode cair (até 20%), em benefício dos assalariados.

Em virtude do respeito a um prazo de indisponibilidade de quatro anos, a vantagem obtida pelo aumento da opção beneficia-se de um regime social e fiscal favorável. Numa atitude de transparência, a lei chamada "Novas regulamentações econômicas" de 15 de maio de 2001 exige a entrega anual de um documento especial à assembléia geral, informando-a sobre as operações realizadas.

A participação financeira de assalariados é também encorajada por meio de regras com vistas a reger o crescimento de capital. Por ocasião de qualquer decisão de aumento de capital, ou a cada três anos, tanto quanto a participação dos assalariados no capital é inferior a 3%, a assembléia dos acionistas deve se pronunciar sobre um projeto de resolução cuja finalidade seja realizar um aumento de capital em proveito dos assalariados. A cessão possibilita condições vantajosas, seja no que diz respeito ao seu preço como também ao seu regime fiscal e social.

---

(1) PÉLISSIER, Jean; SUPIOT, Alain e JEAMMAUD, Antoine. *Droit du travail*, 22 ed. Paris: Dalloz, 2004. p. 1.192.

Por outro lado, pode haver também distribuição gratuita. Uma lei de 24 de outubro de 1980 organizou um mecanismo de distribuição gratuita de ações em favor dos assalariados do setor privado nas sociedades anônimas, tendo distribuído ao menos dois dividendos durante os cinco anos precedentes. A fim de não lesar os acionistas, o pagamento do valor dos títulos, quando do aumento de capital, é efetuado pelo Estado com concorrência de 65%; o excedente é pago pelos acionistas antigos. Todavia, esse prejuízo é leve, já que o aumento de capital em proveito dos assalariados não pode ultrapassar 3% da quantia relativa ao capital.

São beneficiados por essa distribuição os assalariados com dois anos de trabalho na empresa e com nacionalidade francesa (condição que não se opõe aos cidadãos comunitários).

As ações distribuídas são submetidas ao direito comum e compreendem direito de voto e direito ao dividendo. Contudo, essas ações permanecem indisponíveis dentro de um prazo de três a cinco anos.

Elas podem ser geradas por um fundo comum de depósito, ainda que, pertencendo a sociedades anônimas cuja sede se encontra na França e sendo cotadas em Bolsa de Valores, a operação seja subordinada a um voto favorável da assembléia geral extraordinária, convocada pelo conselho de administração dentro de um prazo pré-fixado de dois meses.

Relativamente poucas sociedades [ou empresas] aproveitaram essa possibilidade. Entretanto, ela abre à empresa um crédito sobre o Tesouro, gerando lucro, reembolsável em dez anos, o que é uma vantagem que não se pode dispensar. A eventualidade de uma distribuição gratuita de ações é apoiada pela lei de 19 de fevereiro de 2001, que exige uma deliberação da assembléia geral sobre a distribuição de ações aos assalariados no quadro das operações de aumento do capital. Entretanto, o método que consiste em oferecer presentes não desejáveis aos assalariados, por conta do contribuinte, não se caracteriza como uma boa política social."

8.3. NOVO TRATAMENTO CONTÁBIL DAS STOCK OPTIONS

Tanto nos Estados Unidos, como na Europa, os escândalos envolvendo a *Enron* e outras multinacionais acarretaram mudanças no sistema contábil das *Stock Options*.

Antes dos escândalos, as *Stock Options* apresentavam vantagens fiscais e contábeis para as empresas quando comparados com outras espécies de incentivos a longo prazo, tais como as *Phantom Options/Shares* e *Restricted Options/Shares*.

Segundo a *Towers Perrin HR Services*, em texto publicado em abril de 2006, em seu site, intitulado "O novo tratamento contábil das *Stock Options* no Exterior", foram editadas novas regras contábeis nos Estados Unidos (FAAS 123 -R) e na Europa (IFRS 2) em julho de 2005, que passaram a obrigar as empresas a contabilizar os planos de *Stock Options* como despesa em seus demonstrativos de resultados.

Em razão de tais alterações, as empresas estão revendo suas premissas contábeis e o conteúdo dos Planos de Concessão das *Stock Options*.

O primeiro regramento contábil nos Estados Unidos foi aprovado em 1972 e chamado de APB 25. Tinha como base de cálculo o valor intrínseco da opção da data de sua concessão. Neste conceito, opções que na data de concessão tivessem um número fixo de ações e preço de exercício igual ao de mercado teriam valor zero, portanto não requerendo o lançamento de qualquer despesa contábil.

Segundo a Towers Perrin, em 1995 foi emitido o FAS 123, que recomendava que as opções fossem quantificadas com base no valor esperado *(fair value)* e este determinado através da metodologia *Black Sholes*, amplamente utilizada e reconhecida no mercado de capitais.

Contudo, o FAS 123 dava às empresas o direito de continuar utilizando o APB 25, desde que o valor esperado fosse registrado nas notas explicativas do balanço. Como resultado, a maioria das empresas continuou adotando o APB 25, temendo o efeito potencial que essa metodologia poderia acarretar sobre os seus resultados, e conseqüentemente sobre o preço da ação.

Foi então que foi editado o FAS 123 (R) que passou a valer para balaços relativos a exercícios contábeis iniciados após 1º de julho de 2005. O novo tratamento contábil americano, assim como o europeu, determina que as *Stock Options* sejam contabilizadas como despesa e seu valor calculado com base no ganho potencial ou esperado. No FAS 123 (R) há maior flexibilidade quanto à metodologia de quantificação a ser adotada, não havendo a obrigatoriedade do uso do *Black-Scholes* até então preconizada pelos FAS 123.

No artigo a *Towers Perrin* apresenta os principais parâmetros do modelo *Black-Scholes* e apresenta outro modelo o Binominal.

São relevantes tais conceitos e características para este trabalho, não apenas para conhecê-los mas também para vislumbrar os fatores e fundamentos que impulsionam os empregadores a conceder as *Stock Options* e a movimentação das auditorias e consultorias internacionais em propor soluções, de modo a manter a utilização do sistema das *Stok Options* como um instrumento de governança corporativa viável.

A *Towers Perrin* afirma que:

> "O modelo *Black-Scholes* foi originalmente desenvolvido para quantificar opções negociadas no mercado financeiro e leva em consideração os seguinte parâmetros:
>
> - Valor do mercado da ação na data de outorga;
> - Preço de exercício;
> - Termo/validade da opção;
> - Volatilidade da ação, com base nos três anos anteriores à outorga;
> - Dividendos por ação, com base nos três anos anteriores à outorga;
> - Taxa de juros livre de risco.
>
> O resultado é o valor presente do ganho potencial das opções durante todo o seu prazo de validade.

O conceito *Black-Sholes* foi rapidamente aceito no mercado de capitais e rendeu um prêmio Nobel a seus criadores. Porém alguns especialistas na área de remuneração apontam falhas em seu conceito quando aplicado na quantificação de opções e ações usadas em sistemas de remuneração:

• O conceito *Black-Scholes* assume que o exercício da opção se dará ao final do prazo de validade (termo) da opção, quando, na prática, a grande maioria dos elegíveis exerce suas opções em prazos anteriores, mais próximos do *vesting*;

• As opções usadas em modelos de remuneração não são negociáveis como as de mercado de capitais. Portanto, caso o portador não atinja as condições de carência, há o risco de perda total.

Estas e algumas outras sugestões foram refletidas pelo FASB e pelo IASB na recomendação pelo uso de métodos de quantificação abertos *(lattice)*, que adicionaram os seguintes parâmetros já utilizados no *Black-Scholes*:

• Prática com relação ao exercício (compra das ações) por parte dos beneficiários;

• Taxa de rotatividade dos beneficiários;

• Período no qual as opções podem ser exercidas e condições para o exercício das opções;

• Condições de venda das ações após o exercício das opções (eventuais regras de retenção).

Entre os modelos abertos, o Binomial atende plenamente aos parâmetros definidos pelo FASB e IASB, refletindo:

• Hipóteses variáveis ao longo do tempo, tais como uma política de distribuição de dividendo variável em função do curso da ação;

• Práticas variáveis de exercício (compra de ações) das opções pelos beneficiários (ex.: exercer as opções imediatamente após o *vesting* ao invés do final do termo de validade);

• Eventuais períodos de restrição de exercício de opção;

• Condições de venda da ação após o exercício da opção.

Estes modelos são mais complexos do que o modelo *Black-Scholes* e geralmente apresentam valores quantificados mais baixos.

(...)

CONCLUSÃO:

A revisão dos programas de incentivos de longo prazo é uma tendência em remuneração executiva, principalmente em função de:

• Necessidade de aderência às novas normas contábeis internacionais;

• Maior busca pelo alinhamento entre os interesses de acionistas e executivos;

• Governança corporativa.

O maior impacto será para as empresas cujas práticas contáveis seguem as normas internacionais (IASB, FASB), incluindo as empresas brasileiras, com títulos negociados no exterior (por exemplo, ADRs).

Estas deverão refletir a despesa com planos de *Stock Options* em seu próximo balanço e, para isso, selecionar um método de quantificação.

Algumas empresas também irão rever seus planos de incentivos de longo prazo, principalmente aspectos tais como:

- Peso do ILP no mix de remuneração total;
- Tipo de plano a adotar (*Stock Options*, *restrited shares*, *phantom*, etc.);
- Nível de diluição adequado;
- Elegibilidade;
- Número de ações/ações concedidas;
- Regras para retenção (*holding*) das opções após o exercício (*stock ownership*)"

Uma leitura no texto supratranscrito irá demonstrar que, efetivamente, empresas com capital aberto estão utilizando as *Stock Options* como parte do sistema de remuneração de seus executivos.

Independentemente da discussão sobre a natureza jurídica da referida concessão, fato é que ela é concedida como "parte do pacote" dos executivos e, em razão das alterações contábeis ocorridas em 2005, inúmeros estudos estão sendo realizados para se verificar o melhor tratamento a ser dado a este fenômeno da nova economia mundial.

CAPÍTULO 9

STOCK OPTIONS NO BRASIL

9.1. LEGISLAÇÃO

Não há na legislação brasileira uma legislação específica no que se refere às *Stock Options*.

Contudo, disciplina o art. 168 da Lei das Sociedades Anônimas n. 6.404/76, especificamente em seu § 3º, dispõe que:

> "§ 3º O estatuto pode prever que a companhia, dentro do limite de capital autorizado, e de acordo com plano aprovado pela assembléia-geral, outorgue opção de compra de ações a seus administradores ou empregados, ou as pessoas naturais que prestem serviços à companhia ou a sociedade sob seu controle."

Uma leitura do referido dispositivo legal já evidencia as características específicas das *Stock Options* no Brasil:

a) As *Stock Options* somente podem ser concedidas por sociedades anônimas de capital aberto autorizado e cotado na Bolsa de Valores, que contenham previsão expressa em seu Estatuto para tal concessão e Plano específico aprovado pela Assembléia Geral;

b) As *Stock Options* podem ser concedidas pelas sociedades anônimas apenas aos administradores, empregados, ou às pessoas naturais que prestam serviços à companhia ou à sociedade sob seu controle (empresas do mesmo grupo econômico).

9.2. ASPECTOS TRABALHISTAS

No Direito do Trabalho não há nenhum dispositivo legal específico acerca das *Stock Options*.

A discussão limita-se à natureza jurídica das *Stock Options* e aos efeitos que tal concessão gera na relação de emprego, durante o contrato, nas hipóteses de afastamento e quando da rescisão contratual. Tais questões já foram objeto de análise no Capítulo anterior.

Antes da Emenda Constitucional n. 45, discutia-se a Competência da Justiça do Trabalho para dirimir a questão, mas doutrinadores e magistrados já haviam se posicionado no sentido de que a competência em razão da matéria era, efetivamente, da referida Justiça Especializada, desde que a matéria decorre da relação de emprego.

Com a Emenda Constitucional n. 45, que ampliou a competência da Justiça do Trabalho, nenhum dúvida há que ser dirimida, por desnecessário, estendendo-se a competência para as relações de trabalho em *lato sensu*.

9.3. ASPECTOS TRIBUTÁRIOS

Diogo Leite de Campos, catedrático da Faculdade de Direito de Coimbra, no artigo já citado no corpo deste trabalho, dedica um item específico sobre a tributação das *Stock Options* nos países da Europa, no que se refere ao ano de 2000.

Segundo o professor, as *Stock Options* são tratadas normalmente, no quadro das mais-valias, sendo tributadas as mais-valias unicamente no momento do seu exercício. As "mais-valias", recorda-se, é o lucro obtido pelo beneficiário do plano de concessão das *Stock Options*, ou seja, subtrai-se o valor cotado (de mercado) pelo valor de emissão.

Destaca o professor português que:

a) Na França: é tributada apenas a mais-valia só se a cotação das ações superar em no mínimo 5% o preço de exercício;

b) Na Alemanha: o excesso da cotação sobre o preço do exercício quando se exerce a opção é considerado salário fiscal, mas apenas quando ocorreu o exercício das opções. As mais-valias inferiores a 1000 marcos são isentas de tributação;

c) No Reino Unido: com base na legislação de 1999, o regime era semelhante ao alemão, qualificando-se a mais-valia como incremento patrimonial que goza de certas vantagens fiscais;

d) Na Bélgica: a partir de 1999, as sociedades podem dotar o seu pessoal assalariado ou independente com opções, sendo só tributados no momento em que realizam as mais-valias;

e) Na Itália: desde 1999, só é tributada a mais-valia no momento da venda das ações, sendo tributada a uma taxa de 12,5%;

f) A Espanha: desde 1999 tributa-se as mais-valias como incrementos patrimoniais, a uma taxa de 20%.

Após a breve exposição acima, adentra-se no tratamento tributário que é dado às *Stock Options* no Brasil.

O IRRF — Imposto de Renda Retido na Fonte possui amparo legal no art. 43 do CTN — Código Tributário Nacional, o qual dispõe que:

> "O imposto, de competência da União, sobre a renda e proventos de qualquer natureza, tem como fato gerador a aquisição da disponibilidade econômica ou jurídica:

I — da renda, assim entendido o produto do capital, do trabalho ou da combinação de ambos;

II — de proventos de qualquer natureza, assim entendidos os acréscimos patrimoniais não compreendidos no inciso anterior;"

O art. 39 do Regulamento do Imposto de Renda instituído pelo Decreto n. 3.000 de 26 de março de 1999, por sua vez, dispõe que as pessoas físicas serão tributadas no regime de caixa disciplinando que:

"Art. 39. Os rendimentos serão atribuídos no mês em que forem recebidos, considerando-se como tal a entrega de recursos pela fonte pagadora, mesmo mediante depósito em instituição financeira em favor do beneficiário."

O inciso IV do art. 55 do referido Regulamento disciplina que:

"IV — Os rendimentos recebidos na forma de bens ou direitos, avaliados em dinheiro, pelo valor que tiverem na data da percepção";

O § 2º do art. 2º da Instrução Normativa SRF n. 15/2001 dispõe que:

"Art. 2º Constituem rendimentos tributáveis todo o produto do capital do trabalho ou combinação de ambos, os alimentos e pensões e, ainda, os proventos de qualquer natureza, assim também entendidos os acréscimos patrimoniais não correspondentes aos rendimentos declarados.

(...)

Parágrafo 2º Os rendimentos recebidos em bens são avaliados em dinheiro pelo valor de mercado que tiverem na data do recebimento."

A partir das premissas legais instituídas pelos dispositivos acima transcritos passamos a analisar a tributação das *Stock Options* no direito pátrio.

Inicialmente, posiciona-se no sentido de que, na 1ª e 2ª fases do Plano de Concessão das *Stock Options* não há que se falar em qualquer exigibilidade de pagamento do imposto de renda. Isto porque inocorre o fato gerador. Ao empregado é dada a oportunidade de comprar e vender uma determinada quantia de ações de empresa. Se ele não o faz, passado o prazo de validade, perderá o direto de fazê-lo e nada pagará, ou receberá, quer em pecúnia, quer em acréscimo de patrimônio.

A discussão limita-se à 3ª e 4ª fases da concessão: quando o empregado exerce o direito de opção e compra as ações e quando as vende. São dois fatos geradores que devem ser objeto de análise: a compra e a venda.

Outra análise a ser feita é acerca da base de cálculo para a incidência do Imposto de Renda: sobre o preço de exercício, o preço de mercado ou o lucro.

Para tanto terá que ser observado o método de exercício autorizado e o utilizado pelo empregado.

Se o método utilizado for o da "compra a vista *(cash purchase)*", temos dois fatos geradores distintos, devendo ser observado que:

a) O beneficiário estará adquirindo patrimônio, tendo dispensado um valor pecuniário para tanto;

b) O beneficiário passará a receber dividendos.

Se o método utilizado for o "*swap* de ações" ou o de "recarga", verifica-se que:

a) O beneficiário estará adquirindo patrimônio, sem dispensar nenhum valor pecuniário, já que usará parte das ações que poderia comprar para pagar pelas que efetivamente adquirir;

b) O beneficiário passará a receber dividendos das ações que sobejaram.

Mas se o método de exercício for o de "venda no mesmo dia" ou "venda descoberta", tem-se que:

a) O beneficiário não irá desembolsar nenhum valor;

b) O beneficiário não terá acréscimo de bens mobiliários;

c) O beneficiário receberá a "mais-valia", o "lucro", mas não receberá dividendos.

Quando da venda das ações, se reconhecida a natureza jurídica do "lucro" como salarial, a regra do IRRF será a do salário e a alíquota é de 27,5% (vinte e sete vírgula cinco por cento).

Se a natureza jurídica do valor obtido na venda for considerada comercial, os empregados poderão optar, com respaldo no art. 6º da Lei n. 9.959, de 27.1.2000, entre duas formas:

> "a) Pela alíquota de 20% , aplicável a partir de 2002 aos ganhos líquidos em renda variável; ou
>
> b) Pela alíquota de 15%, aplicável aos ganhos de capital decorrentes da alienação de bens ou direitos."

Nessa modalidade destaca-se que estarão isentos os ganhos de capital de alienações de bens de pequeno valor. Quanto à apuração do ganho de capital, este dependerá da alternativa adotada quando da concessão das ações no que se refere à relação entre a matriz estrangeira e a filial brasileira.

Como bem destaca *Marcel Cordeiro*, em monografia já citada, no caso da matriz estrangeira assumir o ônus (caso em que o beneficiário deverá ter procedido ao recolhimento carnê-leão quando da concessão das ações), a apuração de ganho de capital deverá ser feita nos termos do art. 4º da Instrução Normativa SRF n. 118/2000[(1)]. O ganho de capital corresponderá à diferença positiva, em dólares dos Esta-

---

(1) *In verbis*: Art. 4º Na hipótese de bens e direitos adquiridos e aplicações financeiras realizadas em moeda estrangeira com rendimentos auferidos originariamente em moeda estrangeira, o ganho de capital corresponderá à diferença positiva, em dólares dos Estados Unidos da América, entre o valor de alienação, liquidação ou resgate e o custo de aquisição do bem ou direito ou o valor original da aplicação, convertida em reais mediante a utilização da cotação do dólar fixada, para compra, pelo Banco Central do Brasil, para a data do recebimento.

Parágrafo único. Os rendimentos produzidos por aplicações financeiras em moeda estrangeira, ainda que decorrentes de rendimentos auferidos originariamente em reais, serão considerados rendimentos auferidos originalmente em moeda estrangeira."

dos Unidos da América, entre o valor de alienação e o custo de aquisição das ações, convertido tal ganho em reais mediante a utilização da cotação do dólar fixada, para compra, pelo Banco Central do Brasil, para a data do recebimento do valor da venda.

Por outro lado, se a filial brasileira assumir o ônus do benefício (o que significa que já procedeu à retenção na fonte quando da concessão das ações), a apuração do ganho de capital deverá ser feita nos termos do art. 2º da Instrução Normativa n. 118/2000.

9.4. ASPECTOS PREVIDENCIÁRIOS

No que se refere às contribuições previdenciárias, as mesmas somente serão devidas se reconhecido o caráter salarial dos valores recebidos em decorrência do Plano de Concessão de *Stock Options*, ou seja, sobre a " mais-valia", o "lucro".

A Lei n. 8.212/91 que institui o Plano de Organização e Custeio da Previdência Social é que irá delimitar qual o salário de contribuição e os percentuais a serem recolhidos pelo empregador e pelo empregado.

O inciso I do art. 28 da referida lei conceitua o que é salário-de-contribuição e quais os rendimentos que o integram, enquanto que o § 9º irá declinar quais os benefícios e parcelas que não integrarão o salário de contribuição.

O inciso I do art. 28 dispõe que:

"Art. 28. Entende-se por salário-de-contribuição:

I — para o empregado e trabalhador avulso: a remuneração auferida em uma ou mais empresas, assim entendida a totalidade dos rendimentos pagos, devidos ou creditados a qualquer título, durante o mês, destinados a retribuir o trabalho, qualquer que seja a sua forma, inclusive as gorjetas, os ganhos habituais sob a forma de utilidades e os adiantamentos decorrentes de reajuste salarial, quer pelos serviços efetivamente prestados, quer pelo tempo à disposição do empregador ou tomador de serviços nos termos da lei ou do contrato ou, ainda, de convenção ou acordo coletivo de trabalho ou sentença normativa; *(Redação dada pela Lei n. 9.528, de 10.12.97)*"

Registre-se que o art. 2º da Lei n. 10.243, de 19.6.2001, ao dar nova redação ao § 2º do art. 458 da CLT, excluiu do conceito de salário as seguintes utilidades:

"I — vestuários;

II — educação;

III — transporte destinado ao deslocamento para o trabalho e retorno, em percurso servido ou não por transporte público;

IV — assistência médica, hospitalar e odontológica, prestada diretamente ou mediante seguro-saúde;

V — seguros de vida e de acidentes pessoais;

VI — previdência privada."

O § 9º do art. 28, por sua vez, define taxativamente quais os benefícios e parcelas que não integram o salário-de-contribuição para fins dos recolhimentos previdenciários:

"§ 9º Não integram o salário-de-contribuição para os fins desta Lei, exclusivamente:

a) os benefícios da previdência social, nos termos e limites legais, salvo o salário-maternidade;

b) as ajudas de custo e o adicional mensal recebidos pelo aeronauta nos termos da Lei nº 5.929, de 30 de outubro de 1973;

c) a parcela "*in natura*" recebida de acordo com os programas de alimentação aprovados pelo Ministério do Trabalho e da Previdência Social, nos termos da Lei nº 6.321, de 14 de abril de 1976;

d) as importâncias recebidas a título de férias indenizadas e respectivo adicional constitucional, inclusive o valor correspondente à dobra da remuneração de férias de que trata o Art. 137 da Consolidação das Leis do Trabalho-CLT;

e) as importâncias: *(Alínea alterada e itens de 1 a 5 acrescentados pela Lei nº 9.528, de 10.12.97, e de 6 a 9 acrescentados pela Lei nº 9.711, de 20.11.98)*

1. previstas no inciso I do Art. 10 do Ato das Disposições Constitucionais Transitórias;

2. relativas à indenização por tempo de serviço, anterior a 5 de outubro de 1988, do empregado não optante pelo Fundo de Garantia do Tempo de Serviço-FGTS;

3. recebidas a título da indenização de que trata o Art. 479 da CLT;

4. recebidas a título da indenização de que trata o Art. 14 da Lei nº 5.889, de 8 de junho de 1973;

5. recebidas a título de incentivo à demissão;

6. recebidas a título de abono de férias na forma dos Arts. 143 e 144 da CLT;

7. recebidas a título de ganhos eventuais e os abonos expressamente desvinculados do salário;

8. recebidas a título de licença-prêmio indenizada;

9. recebidas a título da indenização de que trata o Art. 9º da Lei nº 7.238, de 29 de outubro de 1984;

f) a parcela recebida a título de vale-transporte, na forma da legislação própria;

g) a ajuda de custo, em parcela única, recebida exclusivamente em decorrência de mudança de local de trabalho do empregado, na forma do Art. 470 da CLT;

h) as diárias para viagens, desde que não excedam a 50% (cinqüenta por cento) da remuneração mensal;

i) a importância recebida a título de bolsa de complementação educacional de estagiário, quando paga nos termos da Lei nº 6.494, de 7 de dezembro de 1977;

j) a participação nos lucros ou resultados da empresa, quando paga ou creditada de acordo com lei específica;

l) o abono do Programa de Integração Social-PIS e do Programa de Assistência ao Servidor Público-PASEP;

m) os valores correspondentes a transporte, alimentação e habitação fornecidos pela empresa ao empregado contratado para trabalhar em localidade distante da de sua residência, em canteiro de obras ou local que, por força da atividade, exija deslocamento e estada, observadas as normas de proteção estabelecidas pelo Ministério do Trabalho;

n) a importância paga ao empregado a título de complementação ao valor do auxílio-doença, desde que este direito seja extensivo à totalidade dos empregados da empresa;

o) as parcelas destinadas à assistência ao trabalhador da agroindústria canavieira, de que trata o Art. 36 da Lei nº 4.870, de 1º de dezembro de 1965;

p) o valor das contribuições efetivamente pago pela pessoa jurídica relativo a programa de previdência complementar, aberto ou fechado, desde que disponível à totalidade de seus empregados e dirigentes, observados, no que couber, os Arts. 9º e 468 da CLT;

q) o valor relativo à assistência prestada por serviço médico ou odontológico, próprio da empresa ou por ela conveniado, inclusive o reembolso de despesas com medicamentos, óculos, aparelhos ortopédicos, despesas médico-hospitalares e outras similares, desde que a cobertura abranja a totalidade dos empregados e dirigentes da empresa;

r) o valor correspondente a vestuários, equipamentos e outros acessórios fornecidos ao empregado e utilizados no local do trabalho para prestação dos respectivos serviços;

s) o ressarcimento de despesas pelo uso de veículo do empregado e o reembolso creche pago em conformidade com a legislação trabalhista, observado o limite máximo de seis anos de idade, quando devidamente comprovadas as despesas realizadas;

t) o valor relativo a plano educacional que vise à educação básica, nos termos do Art. 21 da Lei nº 9.394, de 20 de dezembro de 1996, e a cursos de capacitação e qualificação profissionais vinculados às atividades desenvolvidas pela empresa, desde que não seja utilizado em substituição de parcela salarial e que todos os empregados e dirigentes tenham acesso ao mesmo;

u) a importância recebida a título de bolsa de aprendizagem garantida ao adolescente até quatorze anos de idade, de acordo com o disposto no Art. 64 da Lei nº 8.069, de 13 de julho de 1990;

v) os valores recebidos em decorrência da cessão de direitos autorais;

x) o valor da multa prevista no § 8º do Art. 477 da CLT."

Verifica-se que os valores recebidos a título de opções de ações, ou de participação no capital da empresa não foram exceptuados no referido parágrafo que tem por finalidade ser taxativo. Mas tal ausência, por si só, não confere às *Stock Options* natureza salarial, já que a legislação caminha conforme os fatos e as ocorrências, como as alterações acima demonstram e a questão ora estudada ainda é incipiente no Brasil.

Pois bem, sendo considerado parcela salarial, sobre "lucro" deverá ser recolhido o percentual de 20% (vinte por cento) a título de cota-parte do INSS a cargo do empregador, nos termos do art. 22 da Lei n. 8.212/91.

O empregado também deverá ser responsável pela sua cota-parte, conforme tabela abaixo, o que será de responsabilidade do empregador quanto à retenção para posterior recolhimento:

Salário-de-contribuição	**Alíquota em %**
Até R$ 249,80	8,00
de R$ 249,81 até R$ 416,33	9,00
de R$ 416,34 até R$ 832,66	11,00

9.5. JURISPRUDÊNCIA

Com decisão judicial já proferida, foram encontradas apenas 04 (quatro) reclamações trabalhistas que possuem como objeto a discussão sobre a natureza jurídica das *Stock Options* e seus efeitos no contrato de trabalho:

1ª) Processo n. 20020255561 — 34ª VT/SP — Reclamante: Flávia Maria Verginelli e Reclamada Microsoft Informática Ltda.

2ª) Processo n. 20010255561 — 64ª VT/SP — Reclamante: Luís Alberto M. Popieni e Reclamada Microsoft Informática Ltda.

3ª) Processo n. 42364200290202002 — Reclamante: Vicente Expedito do Prado e Reclamada Computer Associates do Brasil.

4ª) Processo n. 496200204102400 — Reclamante: Rosalva Guedes de M. Agrela e Reclamada Intel Semicondutores do Brasil Ltda.

As decisões proferidas nos referidos processos, em razão da escassa doutrina e jurisprudência sobre o tema e pelo excelente conteúdo das mesmas estão sendo transcritas no Anexo I deste trabalho.

Ressalte-se que as decisões não serão transcritas em sua íntegra, uma vez que subtraídos os trechos em que não se discutia a questão relacionada ao tema abordado. Com relação às *Stock Options*, os acórdãos encontram-se transcritos em sua integralidade.

Registre-se que das quatro ações acima citadas, a sentença de primeira instância da primeira ação, proferida pelo Excelentíssimo Juiz do Trabalho Dr. *Marcos Fava*, reconheceu a natureza salarial das *Stock Options*, mas referido entendimento foi afastado pelo acórdão regional.

Outras decisões que reconheceram a natureza salarial das *Stock Options* foram o acórdão regional e o acórdão do TST proferidos na quarta ação citada, no mais, o entendimento é que a natureza jurídica é comercial.

9.6. ABORDAGEM DO ASSUNTO PELA MÍDIA

A mídia tem ressaltado a concessão das *Stock Options* nas relações de emprego como uma forma de captar e reter talentos.

A maioria identifica as *Stock Options* como "remuneração variável", contudo, evidente que os referidos artigos possuem objetivo jornalístico e não científico e por esta razão, no que se refere à discussão acerca da natureza jurídica das *Stock Options* não deve servir de referência.

Contudo, tal utilização lingüística serve para demonstrar os principais motivos que levam empregadores e empregados a estabelecer novas condições de trabalho, dentre elas, as *Stock Options*, como negócio ou como parte do "pacote da remuneração".

Citam-se apenas as duas últimas matérias sobre o tema, as demais serão transcritas e comentadas no Anexo 2.

Através de um contato com a Sra. *Susana Furquim Xavier Couto*, do Corporate Finance da Deloitte Touche Tohmatsu[(2)] foi possível o acesso ao documento original e integral intitulado "Panorama Empresarial 2007 — Visão dos líderes corporativos sobre os rumos da economia e negócios", o qual contém 84 páginas que consolidam sérias pesquisas sobre o referido tema no Brasil.

Consta, às fls. 43 do referido documento, um capítulo específico sobre "Capital humano", no qual destacam-se os apontamentos abaixo transcritos:

> "Remuneração variável — As empresas da amostra nacional reiteram o processo já em curso no mercado nacional de adoção crescente de práticas de remuneração variável, com destaque para os modelos de Participação nos Lucros e Resultados (PRL) — benefício já previsto pela legislação trabalhista brasileira — e de concessão de prêmios ou bônus. O resultado da amostra nacional indica 77% das organizações concedendo PRL e 72% oferecendo prêmios ou bônus, porcentuais que se mantêm praticamente constantes em todas as amostras regionais do estudo.
>
> O cenário de valorização dessas espécies de remuneração variável apresenta uma ligeira evolução sobre os indicadores apontados pela edição 2006 do 'Panorama Empresarial', quando os porcentuais de empresas adotando cada um desses modelos eram de 73% e de 63% para PRL e prêmios ou bônus, respectivamente.
>
> Na edição 2007 da pesquisa, chama a atenção especialmente a evolução da oferta de planos de opção de ações aos profissionais. Na edição 2006 da pesquisa, apenas 10% das empresas assinalavam a concessão desse tipo de remuneração variável, seguindo a tendência até então verificada, tanto no Brasil quanto em economias avançadas, de estabilização dessa prática, que vinha se restringindo a um número pequeno de organizações.
>
> Os resultados da edição 2007 sinalizam que 17% das corporações adotam planos de opção de ações, o que não significa, porém, que esse modelo de remuneração seja aplicável a todos os seus funcionários. Outros levantamentos recentes da Deloitte, como a série de edições semestrais da 'Pesquisa de

(2) A Deloitte Touche Tohmasu é uma das maiores empresas do mundo na prestação de serviços de auditoria, consultoria tributária, dentre outros.

Salários e Benefícios', indicam que as opções de ações — mais conhecidas no mercado pela expressão em inglês *stock option* — estão se consolidando como um diferencial de remuneração especialmente para cargos de liderança ou de níveis gerenciais.

Na última edição da 'Pesquisa de Salários e Benefícios', de novembro de 2006, nada menos que 94% das 140 organizações que haviam participado do estudo — quase todas de grande e médio portes, concentradas nas regiões Sudeste e Sul — concediam planos de opção de ações para seus presidentes. Para diretores e gerentes, o porcentual de empresas era menor, mas bastante alto: 90% e 78% respectivamente. Para todos os cargos houve, naquela edição do estudo, um aumento no número de empresas concedendo *Stock Options* para seus executivos, em comparação com a sua edição anterior.

Entre as companhias abertas, esta tendência se mostra ainda mais intensa. Um levantamento da Comissão de Valores Mobiliários (CVM), consolidado pela revista 'Capital Aberto', demonstrou que, de um grupo de 23 companhias avaliadas, que abriram capital entre 2004 e 2006, 12 delas manifestaram interesse em conceder *Stock Options* para seus executivos.

Quanto aos critérios para a concessão de modelos de remuneração variáveis, todas as pesquisas realizadas pela Deloitte a respeito da gestão do capital humano das empresas indicam resultados muito similares. No 'Panorama Empresarial', a lucratividade é o fator preponderante na decisão de conceder esses benefícios, assinalada por 61% das empresas que os concedem, seguida dos itens produtividade (41%) e receita de vendas (27%)."

Na Revista "Executivo de Valor" de março de 2007, publicação anual do valor econômico, consta um artigo de *Sérgio Sister* sobre remuneração intitulado: "Luvas para atrair o bom profissional — Uma antiga prática volta à cena num mercado de trabalho mais aquecido para executivos, e é uma compensação pelo risco de sair de um emprego seguro ou de abandonar benefícios acumulados ao longo do tempo"(3), do qual transcreve-se o trecho abaixo:

"O que está crescendo, mas ainda muito longe dos níveis observados nos Estados Unidos e na Europa, são os incentivos baseados em ações. 'Ganhar ações é uma atração muito forte, segura as pessoas por mais tempo, mas ainda não é uma forma muito comum no Brasil', pondera *Lúcia Costa*. A limitação diz respeito ao ainda relativamente pequeno número de empresas negociadas na bolsa, e a estreita liquidez de uma parte considerável dos papéis. 'Também não dá ainda para vincular com exatidão o salário variável com o desempenho dos mercado de ações, porque a bolsa, no país, é muito concentrada em poucas companhias', acrescenta Velloso. 'Aqui, uma queda ou uma alta muito grande da Vale, da Petrobras ou de alguma telefônica afeta todo o conjunto', completa.

(3) SISTER, Sérgio. Luvas para atrair o bom profissional. *Executivo de valor*. São Paulo: mar. de 2007.

Fora isso, os escândalos que estouraram nos Estados Unidos a partir de 2002 (WordCom, Enron, Xerox, Qwest, Tyco, entre outros) ainda fazem com que muitos acionistas torçam o nariz com esse tipo de prêmio.

Mesmo com os limites, *Eduardo Gianini* já observava uma caminhada inevitável nesse sentido. Quando não oferecem diretamente as chamadas *Stock Options* (caso da maior parte das instituições financeiras), várias corporações proporcionam aos seus maiores executivos as *phantom options* — uma modalidade apenas escritural, que toma por base a variação do preço do papel de alguma outra empresa cotada na bolsa. Quanto aos riscos, ele lembra que os escândalos acabaram resultando em grandes aperfeiçoamentos nos controles. Em 2007, todas as empresas listadas nas Bolsas norte-americanas terão de demonstrar pormenorizadamente todos os salários, benefícios e incentivos não mais dos seus cinco principais, mas dos 50 executivos mais importantes. Fora isso, há uma tendência à formação de comitês de remuneração externos, independentes e com poder de decisão."

CONCLUSÃO

Com respeito aos entendimentos contrários, apresentam-se abaixo as principais conclusões decorrentes deste estudo:

1. A participação dos empregados no capital das empresas pode ocorrer através de Planos de Concessão de Ações *(Stock Plans)*, mas tais planos não significam, necessariamente, que o empregado beneficiário dos referidos planos irá efetivamente participar do capital da empresa.

2. O Plano de *Stock Options* é espécie do gênero *Stock Plans*.

3. Além das *Stock Options*, também são espécies do gênero *Stock Plans*: as *Phantom Stocks*, *Restricted Stock*, *ESPP — Employee Stock Purchase Plan*, Planos de Performance, Distribuição Gratuita de Ações, *Equity Pool*, ESOPS, Bônus de Subscrição. Referidos planos também são chamados de planos afins, correlatos *(related plans)*, mas não se confundem com as *Stock Options*, uma vez que cada qual possui particularidades diferenciadas.

4. As *Stock Options* tratam da concessão feita pelas sociedades anônimas de capital aberto aos seus empregados, administradores ou prestadores de serviços, da oportunidade de exercer o direito de compra e venda de suas ações ou ações de empresas do mesmo grupo econômico, dentro do limite do capital autorizado.

5. Referido direito de exercer a compra e venda de uma determinada quantia de ações deve ser objeto de um "Plano de Opção de Ações", devidamente autorizado pela Assembléia Geral da Companhia.

6. No "Plano de Opção de Ações", no "Contrato ou Termo de Concessão" deverá constar no mínimo: a carência a ser respeitada para o exercício do direito de compra *(vesting)*, o valor de emissão das ações para compra *(valuation)* e o prazo máximo em que poderá ser realizado o exercício *(expiration)*.

7. O Plano de *Stock Options* possui quatro fases: a concessão, o prazo da carência, a faculdade de compra e a venda das ações. Nas duas primeiras fases não há que se discutir a natureza jurídica das *Stock Options*, já que há mera expectativa de direito. A discussão limita-se às terceira e quarta fases, sendo que, quando o empregado exerce o direito de comprar e vender as ações, dependendo do método de exercício autorizado pelo plano e utilizado pelo empregado, podem ocorrer no mesmo momento, se transformando numa única fase.

8. A natureza jurídica das *Stock Options* irá depender das características fixadas no Plano, Contrato ou Termo de Concessão, em especial no que se refere ao tipo de carência e método de exercício autorizados.

9. Se a concessão das *Stock Options* ocorrer para todos os empregados, mesmo que de forma gratuita, afastará o caráter retributivo do benefício e deverá ser considerado como um negócio, um benefício de natureza comercial proporcionado à comunidade que se forma em razão da relação de emprego.

10. Se o método de exercício autorizado e executado forem da compra à vista *(cash purchase)*, swap de ações *(stock swap)* ou recarga *(reload)*, a concessão será nitidamente onerosa; o empregado assumirá os riscos do negócio e a natureza jurídica da concessão será comercial, mercantil, devendo ser verificada apenas a retenção ou recolhimento tributário exigível.

11. Se a concessão for discricionária, retributiva e sendo autorizado e executados os métodos de exercício "venda no mesmo dia" *(same-day-sell)* ou "venda descoberta" *(sell-to-cover)*, a natureza jurídica será salarial e a "mais-valia" ou "lucro", deverá ser considerado parcela salarial e integrar a remuneração do empregado para fins de pagamento dos 8% do FGTS e da contribuição previdenciária.

12. Reconhecida a natureza salarial, sendo habitual a concessão e o lucro, em decorrência de concessão consecutiva através de vários planos ou através da carência direta *(straight vesting)* ou carência em passos *(step vesting)*, a natureza jurídica da concessão será salarial e integrará a remuneração para fins de pagamento dos 8% do FGTS, da contribuição previdenciária, dos 13º salários, das férias acrescidas de 1/3 Constitucional e das verbas rescisórias (13º e férias + 1/3 proporcionais, aviso prévio e multa fundiária).

13. Independentemente da discussão acerca da natureza jurídica das *Stock Options*, uma vez concedido o Plano como condição do trabalho, desde o início da relação, como "pacote de benefícios" para a contratação e retenção do empregado, o mesmo incorpora-se ao contrato de trabalho, não podendo ser suprimido unilateralmente e causar prejuízo ao empregado:

a) Se o entendimento for no sentido de que a natureza jurídica das *Stock Opions* é comercial, o que se incorpora não é o lucro, já que este irá depender de questões mercadológicas e o empregado terá uma relação diferenciada com o empregador, de emprego e de contrato comercial; no primeiro, o risco é sempre do empregador, no segundo, que se refere ao Plano de *Stock Options*, o risco é do empregado. O que incorpora ao contrato, neste caso, é a oportunidade de compra e venda das ações, mesmo que o empregado nada venha a receber, ou ainda, mesmo que venha a perder.

b) Se o entendimento for no sentido de que a natureza jurídica é salarial, sendo habitual, o plano de concessão irá incorporar o contrato de trabalho do empregado, somente podendo ser objeto de alteração se respeitados os requisitos do art. 468 da CLT: bilateralidade e ausência de prejuízo ao empregado.

14. A diferença entre a concessão de *Stock Options* nos Estados Unidos e na Europa limita-se ao tipo de carência utilizada com mais freqüência. No primeiro utiliza-se a carência direta ou a carência em passos, no qual a carência se verifica em

um determinado lapso temporal (entre o término da carência e o prazo de validade), durante o qual o empregado poderá exercer o direito de compra e venda das ações. Na Europa é mais utilizado o *Cliff vesting*, não havendo um lapso temporal, e sim um data fixa e predeterminada para a compra e para a venda das ações. Todos os doutrinadores pesquisados concordam que o sistema americano é mais flexível, dando mais oportunidade ao empregado de efetivamente obter lucros significativos.

15. Após vários escândalos sobre a má utilização das *Stock Options*, em 2005 houve uma reformulação no tratamento contábil dado á esta espécie de plano e as auditorias internacionais voltaram a apostar no crescimento deste fenômeno em todo o mundo.

BIBLIOGRAFIA

BAKER, Alisa J. *The stock options book*. 8. ed. Estados Unidos: Pam Chernoff, 2007.

BARROS, Alice Monteiro de. *Curso de direito do trabalho*. São Paulo: LTr, 2005.

CALVO, Adriana. *A natureza jurídica dos planos de opções de compra de ações no Direito do Trabalho ("employee Stock Options plans")*. Disponível em: <http://www.calvo.pro.br/artigos/stock_options.htm> Acesso em: 2.2.2007.

CAMPOS, Diogo Leite de. *O regime jurídico das opções de ações*.

CARVALHO, Rodrigo Moreira de Souza. *Natureza jurídica das verbas recebidas por empregados através de planos de opção de compra de ações à luz do Direito do Trabalho Brasileiro*. São Paulo: Artigo da LexInform, dez. de 2001.

CARVALHOSA, Modesto. *Comentários à Lei de Sociedades Anônimas*. 4. v. São Paulo: Saraiva, 1997.

CORDEIRO, Marcel. *A natureza salarial dos valores distribuídos por meio dos planos de opção de ações*. Monografia apresentada à banca examinadora da Faculdade de Direito da PUC/SP, no Curso de Especialização em Direito do Trabalho. São Paulo: 2003.

CURTIS, Carol E. *Pay me in Stock Options:* manage the options you have, win the options you want. United States of America: John Wiley & Sons, Canadá: Inc. Published simultaneously, 2001.

DELGADO, Mauricio Godinho. *Curso de direito do trabalho*. 6. ed. São Paulo: LTr, 2007.

GAUDU, François; VATINET, Raimonde. *Les contrats du travail. Contrats individuels, conventions collectives et actes unilatéraux*. Obra da Coleção Traité des Contrats, dirigida por Jacques Ghestin. Paris: L.G.D.J, 2001.

GONÇALVES, Almir Rogério. O sistema cambial brasileiro e a implantação de programas de "*Stock Options*". In: *Revista de Direito Mercantil*, 119, Atualidades, S. Paulo, p. 143.

GOTTSCHALK, Elson. *A participação do empregado na gestão da empresa*. Edição facsimiliada. São Paulo: LTr, 1996.

GREENSPAN, Alan. Stock Options and related matters. *Revista de Direito Bancário, do Mercado de Capitais e da Arbitragem*. São Paulo: Editora Revista dos Tribunais, 2002, p. 13.

HALL, Brian J. What you need to know about Stock Options. United States of America. In: *Revista Harvard Business Review*, mar. 2000. Disponível em: <http://www.hbsp.harvard.edu>. Acesso em: fev. 2007.

JOÃO, Paulo Sérgio. *Participação nos lucros ou resultados das empresas*. São Paulo: Dialética, 1998.

JOÃO, Regiane Teresinha de Mello. *Cláusula de não-concorrência no contrato de trabalho*. São Paulo: Saraiva, 2003.

LAMEIRA, Valdir de Jesus. *A estrutura de capital das sociedades anônimas*. São Paulo: Editora Universitária, 2001.

__________ . *Negócios em bolsas de valores. Estratégias para investimentos*. São Paulo: Alaude, 2005.

MANUS, Pedro Paulo Teixeira. *Direito do trabalho*. São Paulo: Atlas, 2002.

MARTINS, Sérgio Pinto. Natureza do *Stock Options* no Direito do Trabalho. São Paulo: IOB, *Suplemento de Legislação, Jurisprudência e Doutrina*, ano XXIV n. 11, nov. 2005. Trabalhista e Previdenciário, Repertório de Jurisprudência, n. 16/2001, Caderno 2, p. 306 e s.

NUNES, Antonio Rizzatto. *Manual da monografia jurídica*. São Paulo: Saraiva, 2007.

PÉLISSIER, Jean; SUPIOT, Alain; JEAMMAUD, Antoine. *Droit du travail*. 22. ed. Paris: Dalloz, 2004.

PERES, Antônio Galvão. A natureza jurídica dos planos de opção de compra de ações para altos funcionários. In: *Revista da Amatra II*, São Paulo, set. 2001.

REIS, Luís Cláudio dos Reis. *Stock option plans:* aspectos societários, tributários e trabalhista. In: *Gazeta Mercantil*, 2.10.2001, Legal e Jurisprudência. p. 2.

ROBORTELLA, Luiz Carlos Amorim. Plano de compra de ações mantido por grupo multinacional e concedido a alto executivo. In: *Revista de Direito do Trabalho*, São Paulo, 101, p. 215.

RUIZ, Icíar Alzaga. *Las Stock Options — Un estúdio del punto de vista del derecho del trabajo y de la seguridad social*. Madrid: Civitas Ediciones, 2003.

SANTOS, Enoque Ribeiro dos. *A função social do contrato, a solidariedade e o pilar da modernidade nas relações de trabalho*. São Paulo: LTr, 2003.

SISTER, Sérgio. *Luvas* para atrair o bom profissional. *Executivo de valor*. São Paulo, mar. 2007.

VANNES, Vivianne. *Clauses spéciales du contrat de travail*. Bruxelas/ Bélgica: Bruylant, 2003.

__________. *Le contrat de travail:* aspects théoriques et pratiques. Deuxiémme édition. Bruxelas/Bélgica: Bruylant, 2003.

ZAINAGHI, Domingos Sávio. Aspectos trabalhistas nos programas de *Stock Option*. Curitiba: Geneses, jun. 2000 e *Suplemento Trabalhista*, São Paulo: LTr, 054/00, p. 293.

ZENNI, Alessandro Severino Váller; RAFAEL, Márcia Cristina. *Remuneração e jornada de trabalho*. Curitiba: Juruá, 2006.

***Sites* consultados:**

<http://www.acionista.com>

<http://www.deloitte.com>

<http://www.mystockoptions.com>

<http://www.nceo.org>

<http://www.stock-options.com>

<http://www.towersperrin.com>

JURISPRUDÊNCIA

1ª) PROCESSO N. 20010255561 DA 34ª VARA DO TRABALHO DE SÃO PAULO PARTES: MICROSOFT INFORMÁTICA LTDA. E FLÁVIA MARIA VERGINELLI

A sentença de primeira instância foi proferida pelo Excelentíssimo Dr. Juiz Marcos Fava que entendeu que as *Stock Options* possuíam natureza salarial, uma vez que a própria empresa chamava o plano de parte de sua "filosofia de pagamento" e identificava as *Stock Options* como "um componente chave da maneira como pagamos", determinando que a reclamada fosse condenada na integração do lucro obtido pelo empregado em sua remuneração para fins de pagamento das verbas contratuais e rescisórias, conforme ementa abaixo transcrita:

"72. Salário (em geral). Configuração — A promessa de venda, pelo empregador, de ações da companhia a preço prefixado, para que o empregado opte por sua compra a qualquer tempo, auferindo lucro sem enfrentar qualquer risco implica em retribuição de natureza salarial, impondo-se a integração do resultado obtido pelo empregado na operação em todos os títulos contratuais pertinentes."

Na referida ação há parecer do Professor Cássio Mesquita Barros, juntado aos autos com a peça defensiva pela empresa, no qual restou registrada a opinião legal do ilustre doutrinador no sentido de que as *Stock Options* "trata-se de um ato jurídico comercial comum, de natureza mercantil e em que ambas as partes enfrentam o risco natural do mercado de ações".

O ilustre Juiz Dr. Marcos Fava Neves discordou do parecer, fundamentando que na prática não havia qualquer risco a ser suportado pelo empregado na participação do referido plano, uma vez que o mesmo não utilizava numerário para compra de ações.

Contudo, por maioria de votos, a 3ª Turma do Tribunal Regional do Trabalho da 2ª Região teve entendimento diverso, conforme fundamentação do ilustre Relator Designado, Excelentíssimo Dr. Sérgio Pinto Martins, conforme acórdão abaixo transcrito:

"Acórdão n. 20030145141 — 3ª Turma do TRT da 2ª Região
Recurso Ordinário n. 20010255561
Relator: Sérgio Pinto Martins
Data de Julgamento: 18.03.2003
Data da Publicação: 08.04.2003

"EMENTA
Stock option plan. Natureza comercial.

O exercício da opção de compra de ações pelo empregado envolve riscos, pois ele tanto poderá ganhar como perder na operação. Trata-se, portanto, de operação financeira no mercado de ações e não de salário. Não há pagamento pelo empregador ao empregado em decorrência da prestação de serviços, mas risco do negócio. Logo, não pode ser considerada salarial a prestação.

(...)

III — FUNDAMENTAÇÃO

VOTO

Recurso da empresa

(...)

Stock Options significa o direito de opção por ações da empresa que são compradas por preços em média abaixo do mercado e de vendê-las com lucro. Esse sistema nasceu nas corporações americanas e se espalhou pelo mundo. O benefício era concedido a altos executivos. Foi estendido a outros funcionários da corporação, com o objetivo de evitar que a companhia perca bons profissionais para outras empresas.

O empregado vai adquirir a ação pelo preço original e vendê-las pelo preço atual. Caso as ações valham menos, o empregado não exerce a opção. Se não quiser exercê-la, pois está abaixo do valor da época da opção, não é obrigado a fazê-lo e também não tem qualquer prejuízo. Pode fazê-lo no futuro.

Nos Estados Unidos há uma vantagem no sentido de que desde 1986 a opção não tem incidência de tributação.

Os funcionários que aderem ao *stock option* têm interesse em adquirir as ações. Sentem-se estimulados a produzir e fazer com que a empresa tenha um desempenho melhor, permitindo que ganhem a diferença. O empregado passa a se sentir um parceiro da empresa.

Não se pode concluir que automóvel é avião, só pelo fato de que foi afirmado por uma das partes. Automóvel continuará sendo automóvel e avião será avião. Como se costuma afirmar no dito popular: "uma coisa é uma coisa, outra coisa é outra coisa". Há necessidade de se perquirir a verdadeira natureza jurídica do pagamento, que não é a indicada pelo documento de fls. 380. As características do *stock option* é que vão indicar se tem natureza de remuneração ou não.

O documento traduzido às fls. 380 faz referência a remuneração lato senso e não sobre a remuneração contida no artigo 457 da CLT. Seria uma forma de remunerar o empregado (*the way we pay*), mas não de lhe pagar salário, pois não envolve contraprestação. É de se destacar que o conceito de remuneração nos Estados Unidos não é o mesmo que no Brasil, diante da regra do artigo 457 da CLT, que faz distinção entre salário e remuneração. Não há confissão da empresa nesse aspecto.

A reclamante declarou em depoimento pessoal que as ações eram compradas e vendidas com a anuência da depoente. Logo, a empresa não participava da operação e não fornecia numerário para esse fim.

Afirma a testemunha Rogério Alexandre às fls. 419 que o empregado não utiliza numerário para compra de ações. Era necessário emitir ordem para que o corretor efetuasse a venda de ações; que o depoente não chegou a cogitar da possibilidade de entregar dinheiro para adquirir de fato a compra de ações, preocupando-se apenas com o recebimento da diferença entre o valor da compra e da venda. Isso mostra que a empresa não participava da venda, mas era ela feita por corretora. O empregado se interessa apenas em embolsar a diferença entre a opção e a valorização no mercado de ações.

Não se assemelha o sistema de *stock option* à gratificação de balanço, pois não decorre do balanço da empresa, mas da opção feita. A empresa não está pagando um valor ao empregado por liberalidade, mas permitindo que faça a opção de compra das suas ações.

O direito de opção não se enquadra no parágrafo 1.º do artigo 457 da CLT, pois não representa comissão, percentagem, gratificação ajustada, diárias para viagem e abonos pagos pelo empregador. Não se trata de gratificação porque não é um pagamento ajustado entre empregado e empregador, mas o primeiro paga para obter o direito de comprar as ações. Envolve fatores aleatórios à companhia, que é a valorização das ações no mercado.

É um prêmio? O prêmio é pago em virtude de um esforço do empregado. É um salário-condição. No caso, não há qualquer esforço do empregado. Este trabalha normalmente, não ganha algo a mais pela prestação de serviços.

É claro que as utilidades não são apenas as mencionadas no artigo 76 da CLT, como alimentação, habitação, vestuário, higiene e transporte. O inciso IV do artigo 7.º da Constituição mostra outras utilidades, como as destinadas à saúde, lazer, educação. A nova redação do artigo 458 da CLT mostra que não têm natureza salarial outros acessórios utilizados no local de trabalho, como educação, assistência médica, hospitalar e odontológica, seguro de vida e de acidentes pessoais, previdência privada. Não se enquadra a *stock option* como espécie de salário-utilidade, pois não representa para o empregado um plus obtido com sua prestação de serviços, mas decorre do desempenho das ações da companhia.

Não é espécie de participação nos lucros, pois a questão não decorre da existência de lucros, mas da valorização das ações do empregador.

O empregado não tem direito de opção como pagamento pela prestação de serviço na empresa. O ganho na venda das ações não é uma retribuição paga pelo empregador. Não existe contraprestação salarial. Trata-se de situação completamente alheia à prestação de serviços. Não se poderia dizer que é remuneração a opção de compra em que o empregado tem prejuízo no mercado financeiro.

Assume o trabalhador risco na opção de ganhar ou de perder, como no caso em que o preço das ações declina para preços inferiores aos da opção. O empregado assume, portanto, o risco da flutuação do valor das ações. Mesmo no caso em que o empregado exerce o direito de opção pelo sistema *cash less exercise*, em que o exercício é feito sem pagamento, o empregado assume o risco de ganhar ou perder ao vender as ações, de acordo com o valor obtido no mercado acionário.

Trata-se o plano de opção de compra de ações de operação financeira e não salarial.

A vantagem obtida pelo empregado com a revenda das ações é feita por corretoras autorizadas a operar no mercado acionário, como ocorre no caso dos autos. Não é feita diretamente pelo empregador.

O *stock option* não tem natureza salarial. Não é algo que lhe é dado de graça pelo empregador, que representa um plus. Para a configuração do salário-utilidade é preciso que a prestação seja fornecida gratuitamente ao empregado.

Na jurisprudência há acórdãos nesse sentido, inclusive alguns nos quais fui relator:

Salários indiretos. Não-configuração. O fornecimento de alimentação e transporte subsidiados não configura salários indiretos, mas mero privilégio de salutar política empresarial. Inteligência dos artigos 2º e 8º da Lei nº 7.418/85 e 2º do Decreto nº 5 (TRT 2ª R, 7ª T, RO 02980235908, Ac 02990207249, j. 3.5.1999, Rel. Juiz Ricardo Patah, DOESP 28.5.1999, conforme Carrion, Valentin. Nova jurisprudência em Direito do Trabalho, São Paulo: Saraiva, 2000, 1º semestre, p. 572, ementa 2.208).

Salário-utilidade. Cobrança do empregado. Para a configuração do salário-utilidade é mister que o seu fornecimento seja gratuito. Se há cobrança da utilidade, descaracteriza-se a condição salarial, como ocorre no caso dos autos (TRT 2ª R, 3ª T, RO 02980420020, Ac. 02990312301, j. 22.6.1999, Rel. Sergio Pinto Martins, DO 6.7.1999, conforme Carrion, Valentin. Nova jurisprudência em Direito do Trabalho. São Paulo: Saraiva, 2000, 1º semestre, p. 572, ementa 2.210).

Salário *in natura*. Desconto do salário. Para que haja a caracterização do salário *in natura* é preciso que a utilidade seja fornecida gratuitamente. Se há cobrança da utilidade, como no caso dos autos, não se considera a prestação como salário utilidade, nem se aplica o artigo 458 da CLT. Mantenho a sentença (TRT 2ª R, 3ª T, RO 102990124955, Ac. 20000046188, j. 8.2.2000, Rel. Sergio Pinto Martins, DOE SP 22.2.2000).

O momento do acréscimo patrimonial vai depender da opção do empregado e não de determinação do empregador.

A opção pode não ocorrer, simplesmente porque o empregado não tem o numerário necessário para adquirir as ações ou porque não quer exercê-la, pois prefere aguardar outra oportunidade ou porque teria prejuízo se o fizesse.

Paulo Cézar Aragão afirma que "a relação jurídica que se forma entre a companhia e o acionista-empregado e as prestações, direitos e vantagens potenciais a ela inerentes, assim, são absolutamente distintas da relação jurídica de emprego, e o resultado positivo auferido pelo empregado na sua condição de acionista, ao vender suas ações ou ao receber dividendos, não pode integrar a base de cálculo de qualquer vantagem trabalhista ou previdenciária".

Domingos Sávio Zainaghi assevera que o *stock option* não tem natureza salarial, pois não se enquadra nas hipóteses do artigo 457 da CLT, além do que há pagamento por parte do empregado.

Rodrigo Moreira de Souza Carvalho também afirma que a natureza do *stock option* não é de remuneração (Natureza jurídica das verbas recebidas por empregados, através de planos de opção de compra de ações ['*Stock option plans*'], à luz do Direito do Trabalho Brasileiro, Suplemento Trabalhista, n.º 040/02, p. 186).

Há parecer do professor Cássio Mesquita Barros nos autos às fls. 406 a 417 entendendo que o plano de compra de ações não tem natureza salarial.

A natureza jurídica da opção de compra de ações é mercantil, embora feita durante o contrato de trabalho, pois representa mera compra e venda de ações. Envolve a opção um ganho financeiro, sendo até um investimento feito pelo empregado nas ações da empresa. Por se tratar de risco do negócio, em que as ações ora estão valorizadas ora perdem seu valor, o empregado pode ter prejuízo com a operação. É uma situação aleatória, que nada tem a ver com o empregador em si, mas com o mercado de ações.

Não se pode dizer que se trata de um pagamento dissimulado ou disfarçado com o objetivo de não integração ao salário, pois o sistema não foi inventado por brasileiros, mas é observado, principalmente, nas grandes corporações americanas. Dessa forma, não é atraída a aplicação do artigo 9.º da CLT, no sentido de que o empregador teria por objetivo desvirtuar, impedir ou fraudar preceitos trabalhistas, principalmente o pagamento de natureza salarial.

Dou provimento ao recurso para excluir da condenação a integração do Plano de Compra de Ações em férias, FGTS mais 40% e 13.º salário."

(...)

B — Recurso da empregada

(...)

2. Entrega de ações

A cláusula 9, b, de fls. 181 prevê que o empregado tem direito de optar pela compra das ações em 90 dias após a dispensa.

Com a dispensa, a empresa não interferiu na opção de compra de ações vencidas por parte do empregado. A reclamante confessou em depoimento pessoal que a opção de ações vencidas foi exercida 15 dias depois da dispensa. Logo, não tem direito ao benefício. A hipótese foi interpretada restritivamente, conforme o artigo 1.090 do Código Civil.

O plano de compra de ações não tem natureza salarial. Logo, não se pode considerá-lo dessa forma.

Prevê o artigo 115 do Código Civil que são ilícitas as condições que privarem de todo efeito o ato, ou o sujeitarem ao arbítrio de uma das partes. São as cláusulas puramente potestativas. É o que ocorre no caso dos autos, em que há arbítrio da empresa em deixar a reclamante exercer o direito de opção de compra de ações adquiridas no curso do contrato de trabalho.

Dessa forma, é a hipótese de se aplicar o artigo 120 do Código Civil, pois a empresa obstou maliciosamente o direito de opção futura de compra de ações, mas cujo direito nasceu na vigência do contrato de trabalho para exercício futuro. A dispensa por parte da empresa obstou o referido direito.

No mesmo sentido há acórdão do TST sobre o tema:

A gratificação extraordinária, instituída pela empresa, constitui autêntico salário, tendo em vista seu pagamento habitual e periódico, assim, a condição que subordina a recepção da citada gratificação, à permanência do empregado no emprego, a data de seu pagamento, é meramente potestativa, visto que o direito a aquisição é por ter o obreiro trabalhado durante o ano anterior. Portanto, nos termos do art. 115 do CPC é nula, vez que o empregador por seu arbítrio, pode impedir que o empregado implemente a condição de aquisição da gratificação despedindo-o injustamente, às vésperas do referido pagamento, como ocorreu no presente caso (TST, RR 12.584/90.8, Rel. Calixto Ramos, Ac. 3ª T 280/92, conforme Carrion, Valentin. Nova jurisprudência em Direito do Trabalho. São Paulo: Saraiva, 1993, p. 238, ementa n.º 1.752).

O artigo 1.090 do Código Civil não pode ser interpretado isoladamente, mas sistematicamente com os artigos 115 e 120 do mesmo diploma legal.

Não há fundamento legal para que a empresa subsidie a diferença existente em relação ao valor de mercado, como pretendido às fls. 15. Assim, tem direito a reclamante apenas à indenização, pois o prejuízo consiste em não poder ter exercido o direito de opção após o término do contrato de trabalho em relação a opções a vencer. A indenização é equivalente à diferença entre o valor preestabelecido para as ações de emissão da empresa e o seu valor de mercado por ocasião do efetivo pagamento de opções de compra de ações estabelecidas no curso do contrato de trabalho, considerando todos os Splits que vierem a ocorrer até o efetivo cumprimento da obrigação pela empresa. Sobre a referida indenização não há incidência de FGTS, por não ser salário (art. 15 da Lei n.º 8.036) ou repercussão em outras verbas, por falta de amparo legal.

A apuração será feita em liquidação de sentença por cálculos, de acordo com os documentos existentes nos autos para efeito de garantir a opção da reclamante.

IV — DISPOSITIVO

11. Pelo exposto, conheço dos recursos, por atendidos os pressupostos legais, e, no mérito, dou provimento parcial ao recurso da empresa para: a- excluir da condenação a integração do Plano de Compra de Ações em férias, FGTS mais 40% e 13.º salário; b- determinar que a correção monetária seja calculada a partir do 5.º dia útil do mês seguinte ao vencido; **dou provimento parcial ao recurso da autora para determinar o pagamento de indenização equivalente à diferença entre o valor preestabelecido para as ações de emissão da empresa e o seu valor de mercado por ocasião do efetivo pagamento de opções de compra de ações estabelecidas no curso do contrato de trabalho, considerando todos os Splits que vierem a ocorrer até o efetivo cumprimento da obrigação pela empresa.** Rearbitro à condenação o valor de R$ 100.000,00, sendo as custas de R$ 2.000,00, a cargo da empresa. É o meu voto."

Abaixo, transcrevemos o fundamento do voto divergente proferido pelo Juiz Relator Dr. Ricardo Artur Costa e Trigueiros.

"DAS "*STOCK OPTION*"

Por força do disposto no artigo 389 do Código de Processo Civil de aplicação subsidiária aplicada na forma do artigo 769 da CLT, cabe à parte que argüir o ônus da prova da falsidade do documento. A reclamada alega que os documentos juntados em réplica não foram reconhecidos pelo primeiro recorrente, ou seja quer levar a crer que os documentos em razão de não estarem assinados ou em papel timbrado da empresa sejam falsos.

No entanto, nenhuma prova produziu o primeiro recorrido neste sentido. Assim sendo, dou o documento juntado em réplica como idôneo, firme e valioso de convicção, <u>mormente porque não foi impugnado o seu conteúdo.</u>

O exame do documento de fls.380 afasta qualquer discussão sobre o tema ao dispor que o '*salário é, naturalmente, apenas uma parte da remuneração total. As outras partes incluem (dependendo na elegibilidade dos diversos elementos) horas extras para os funcionários não isentos: bônus ou comissões; e concessões de opções de compras de ações. A nossa filosofia de remuneração é ter uma prática de pagamento de base moderada ao mesmo tempo que utiliza os outros elementos de remuneração total para criar um pacote total altamente competitivo.*' Nenhum reparo merece também neste aspecto a decisão de primeiro grau."

2ª) PROCESSO N. 20010255561 — 1998 — 64ª VARA DO TRABALHO DE SÃO PAULO PARTES: MICROSOFT INFORMÁTICA LTDA. E LUÍS ALBERTO MENONI POPIENIA

"Acórdão no: 20040089546

Processo TRT/SP N.: 03273199806402007

Recurso Ordinário — 64 VT de São Paulo

Recorrente: Luis Alberto Menoni Popienia

Recorrido: Microsoft Informática Ltda.

Recurso ordinário pelo reclamante às fls. 767/829 em que de forma objetiva impugna a r. sentença nos seguintes aspectos: a) preliminares: 1) trâmite processual em primeira instância; 2) decisão proferida em primeiro grau; 3) inexistência da sentença; 4) nulidade da decisão; 5) violação do princípio constitucional do contraditório; b) mérito: 1) dos planos de ações SOP e ESPP; 2) bônus e super bônus; 3) veículo; 4) plano de saúde; 5) férias; 6) diferenças fundiárias; 7) descontos previdenciários e fiscais; 8) conclusões. Os subscritores do apelo possuem poderes nos autos. Houve a ciência da decisão em 30.08.2002 (fls. 763, 6ª feira), com fluência recursal até o dia 9.09.2002, portanto, o apelo é tempestivo. Houve o pagamento regular e a comprovação tempestiva quanto às custas processuais (fls. 832). Contra-razões pela reclamada às fls. 837/870. O Ministério Público do Trabalho certificou às fls. 872 o desinteresse público de parecer circunstanciado, ressalvando possível manifestação em sessão de julgamento. É o relatório.

VOTO

(...)

3. MÉRITO

3.9. Planos de Ações SOP E ESPP

A r. sentença, com base nos votos divergentes dos juízes classistas, indeferiu a pretensão, sob o fundamento de que tais planos não configuram parcela salarial da remuneração.

3.9.1. Distinção entre remuneração e salário

Há na doutrina, três posições para explicitar as interações entre as palavras remuneração e salário.

A primeira posição identifica remuneração como salário, representando o conjunto das parcelas recebidas pelo empregado em função do contrato de trabalho, como contraprestação da força de trabalho entregue ao empregador, denunciando o caráter oneroso do contrato individual de trabalho.

A segunda corrente faz uma diferenciação entre as duas palavras. Para os adeptos dessa posição doutrinária, remuneração é o gênero que engloba todas as parcelas devidas e pagas ao empregado em decorrência do contrato de trabalho, enquanto que salário é uma dessas parcelas. Logo, a remuneração é o gênero; salário é uma espécie da remuneração.

Na terceira vertente doutrinária, a análise parte da combinação exegética dos arts. 457 e 76 da CLT, havendo duas variantes interpretativas.

Para a primeira variante, salário representa o conjunto das parcelas pagas diretamente pelo empregador, enquanto que remuneração envolve o salário mais a gorjeta.

Para a segunda variante, remuneração é a retribuição paga ao trabalhador por terceiro, em decorrência do contrato de trabalho, enquanto que salário representa os ganhos auferidos pelo empregado, os quais são pagos pelo empregador, como forma de contraprestação dos serviços disponibilizados pelo primeiro ao segundo, em função do contrato individual de trabalho.

As conseqüências interpretativas da última variante levam à restrição do efeito expansionista do conceito de salário, o que pode prejudicar o próprio trabalhador, notadamente, os de baixa renda, que não poderão levar em conta outras parcelas remuneratórias para fins de pagamento de outros títulos decorrentes do contrato de trabalho.

Após a análise das diversas correntes doutrinárias, entendemos que o ponto de destaque para a diferenciação entre salário e remuneração é a vinculação ou não da parcela auferida pelo empregado em função da disponibilização da sua força de trabalho, independente de ser paga pelo empregador ou por terceiro.

Nesse sentido, remuneração é o conjunto de todas as vantagens auferidas pelo empregado, de natureza salarial ou não, pecuniárias ou não, decorrentes do contrato de trabalho. Salário é parte integrante da remuneração, representando as parcelas auferidas como contraprestação do serviço disponibilizado ao empregador.

O elemento diferenciador é a vinculação ou não da parcela à força de trabalho disponibilizada, o que inclusive soluciona as questões para as incidências das parcelas remuneratórias em outros títulos, tais como: férias, décimo terceiro salário, recolhimentos fundiários etc.

3.9.2. PLANO DE AÇÕES SOP

Pelo teor da inicial, o autor tinha o direito a um benefício vinculado a ações de emissão da MICROSOFT, denominado "*STOCK OPTIONS* PLAN" (SOP). Por esse plano (fls. 7, alínea "e" da exordial), "ao Reclamante, de acordo com avaliação de seu desempenho, era concedido, de forma subsidiada, anualmente, o direito de aquisição de ações de emissão da Microsoft Corporation, a um preço preestabelecido, apurado a partir do valor médio de cotação da ação no período de 30 (trinta) dias anteriores à concessão do direito de aquisição de ações".

Na sua defesa, a reclamada afirma que a opção pela compra de ações é um direito de natureza contratual, em que o seu titular (administrador ou empregado) pode subscrever nas condições aprovadas pela Assembléia Geral as ações de emissão da empresa, pagando o respectivo preço. É uma vantagem econômica de natureza contingente, dependendo das circunstâncias do mercado, já que dependendo do valor das ações subscritas.

Esse benefício, consoante o teor da defesa, não se configura em um salário "in natura" já que a empresa não está efetuando nenhum pagamento ao empregado, muito menos lhe garantindo direitos e participação nos lucros.

No exame do depoimento do reclamante, destaca-se: "que o depoente não era obrigado a adquirir as ações, mas lhe seria conveniente a aquisição, que as compras e vendas de ações eram feitas automaticamente com base na cota inicial das ações, que o depoente não colocava dinheiro nas operações, mas recebia apenas o lucro da transação, que se o depoente corresse o risco do prejuízo não exerceria a opção de transação naquela oportunidade".

O documento de fls. 190/193, em linhas objetivas, estabelece os critérios adotados pela reclamada para fins de remuneração de seus empregados.

Não se pode pretender, pelo exame desse documento, crer que salário e remuneração, pelos padrões da empresa, sejam palavras sinônimas.

A nosso ver, além do salário, o que remunera a força de trabalho disponibilizada pelo reclamante, a reclamada estabelece uma série de outros benefícios, tais como: bônus, concessões de opções de compras de ações etc.

Nesse sentido, discordo, pois, do entendimento adotado pelo MM. Juiz Togado às fls. 756 (tópico 5º do seu voto).

A opção pela compra de ações é um benefício, o qual faz parte da estratégia de remuneração da empresa, a qual, porém, não tem o escopo de remunerar os serviços prestados, já que eventual benefício efetivo ao empregado está na razão direta do aumento do valor das ações da empresa.

Em outras palavras, esse título não é salário, pois, não está vinculado à efetiva prestação dos serviços.

O fato de o autor ter tido sucesso com tais ações (fls. 791) não implica em dizer que essa parcela seja de cunho salarial. Esse lucro é derivado dos valores de mercado das ações da reclamada e não se vinculam diretamente ou indiretamente à força de trabalho disponibilizada pelo reclamante à reclamada.

Aliás, nesse particular, temos o relato da testemunha do reclamante (fls. 242), o Sr. Reinaldo: "que a operação SOP nunca gerou prejuízos ou ausência de lucros por tratar-se da Microsoft, que a operação poderia não gerar lucros se fosse alguma outra empresa, que o lucro reflete o valor do mercado."

Portanto, rejeito a natureza salarial dessa vantagem contratual, mantendo-se, pois, a r. sentença nesse particular.

3.9.3. "Employee Stock Purchase Plan" "ESPP"

Em face da exordial, "de acordo com o plano de benefícios existente na Reclamada, fazia jus o Reclamante a um benefício denominado 'EMPLOYEE STOCK PURCHASE PLAN' (ESPP), consistente em um plano de aquisição de ações da Microsoft Corporation, oferecido e subsidiado pela Reclamada a todos os seus funcionários. Por esse plano, os funcionários da Microsoft Informática Ltda. (Reclamada), a cada 6 (seis) meses, poderiam manifestar sua intenção de participar da aquisição de ações subsidiadas, indicando, para tanto, o percentual de seu salário mensal a ser aplicado na aquisição de tais ações, que podia variar de 2% a 10%."

Pelo teor do relato do autor às fls. 239, temos: "que o Programa ESPP consistia na opção do empregado em aplicar de 2 a 10% do valor de seu salário na compra de ações subsidiadas, que a opção poderia ser revista semestralmente, que o depoente optou no início por 10%, assim permanecendo até o seu desligamento, que o depoente emitia cheque para aquisição destas ações, que entregava no departamento de contabilidade mensalmente".

A reclamada, como o fez para o PLANO DE AÇÕES SOP, nega que essa vantagem contratual seja como salário.

De fato, essa vantagem não pode ser vista como salário. Em primeiro lugar, o seu intuito não é remunerar direta ou indiretamente a força de trabalho disponibilizada pelo reclamante. Em segundo lugar, consoante o próprio relato do autor, cabia ao mesmo exercer ou não esse direito.

Não vejo, pois, a natureza salarial dessa vantagem contratual. Rejeito o pedido de suas incidências.

3.9.4. Direito solicitado ao PLANO DE AÇÕES SOP (PERÍODO DE JULHO/97 A JULHO/98)

Pela análise dos autos, esse direito para ser exercido teria um prazo de noventa dias (item 4º do documento n. 97 — primeiro volume de documentos em apartado).

Não consta que o autor tenha exercitado esse direito, logo, diante desse documento, improcede o pedido solicitado.

3.10. Diferenças fundiárias

As diferenças fundiárias devidas são as mencionadas no tópico 3.8. supra. Não há outras diferenças além dessas mencionadas.

CONCLUSÃO

Diante do exposto, o recurso ordinário do reclamante é conhecido e quanto ao seu conteúdo, após a rejeição das preliminares, DÁ-SE PROVIMENTO PARCIAL, para condenar à reclamada a pagar ao reclamante os seguintes títulos:

(...)

a) férias:

(...)

b) Reflexos dos valores pagos a título de bônus e super-bônus em: 1) décimo terceiro salário; tais diferenças devem incidir nos depósitos fundiários + 40%; 2) nos depósitos fundiários + 40%. Os valores refletidos em FGTS + 40%, consoante defesa, devem ser descontados. Quanto às diferenças de décimo-terceiro salário haverá a observância dos descontos de INSS e IRPF.

Apuração — meros cálculos.

(...)

FRANCISCO FERREIRA JORGE NETO

JUIZ RELATOR"

As partes opuseram Embargos Declaratórios, no que se refere aos planos de opção de ação, abaixo o acórdão proferido:

"Processo TRT/SP n. 03273.1998.064.02.00-7 (20030161058)

EMBARGOS DECLARATÓRIOS

1º Embargante: Microsoft Informática Ltda.

2º Embaragante: Luiz Alberto Menoni Popiênia

Embargado: Acórdão n. 20040089546

Vistos, etc.

Embargos declaratórios pela reclamada às fls. 896/897, em que alega excesso de condenação quanto às férias, com violação do disposto nos artigos 128 e 460 do CPC.

Embargos declaratórios pelo reclamante às fls. 898/909, em que alega as seguintes matérias: a) prequestionamento em face dos artigos legais citados às fls. 903/904; b) omissão quanto ao exame do exercício de opções relativas de anos anteriores de 97 e 98 e que poderiam se concretizar em julho de 1998, janeiro de 1999, julho de 1999, janeiro de 2000, julho de 2000, janeiro de 2001, julho de 2001 e janeiro de 2002; o exame, ainda, dessa omissão em face dos artigos 125 e 120 do Código Civil de 1916, art. 6º, § 2º, da LICC e do art. 5º, XXXVI, da Constituição Federal de 1988; c) omissão fática quanto à natureza jurídica salarial do *stock option plan*; d) o exame do exercício das opções sob o prisma do direito adquirido e da condição potestativa. Junta documentos.

É o relatório.

DECIDE-SE:

(...)

2. Embargos declaratórios da reclamada

(...)

3. Embargos declaratórios do reclamante

A sua análise será articulada:

(...)

3.2. Tópico 3º (fls. 905/906)

O reclamante alega uma outra omissão no tocante ao exercício das opções de compra de ações adquiridas nos anos anteriores e que poderiam ser concretizadas em julho de 1998, janeiro de 1999, julho de 1999, janeiro de 2000, julho de 2000, janeiro de 20001, julho de 2001 e janeiro de 2002.

Segundo o embargante, o voto somente apreciou a temática do direito adquirido quanto ao período de 1997/1998.

A letra "e" da causa de pedir às fls. 7 declina a temática do benefício "*Stock Options* plan" (SOP), salientando às fls. 09 que o reclamante teria direito a oito parcelas.

Em função dessa temática, a letra "d" do pedido solicita que a reclamada seja condenada a efetuar a entrega das ações, pagando o reclamante a quantia preestabelecida ou que a reclamada seja condenada a pagar, como indenização, a diferença entre o valor preestabelecido para as ações e o seu preço de mercado.

O plano de ações SOP e ESPP foi analisado no tópico 3.9 do acórdão às fls. 888/892.

O acórdão entendeu que tais benefícios não tinham natureza indenizatória, bem como indeferiu o direito ao plano das ações SOP (fls. 892, tópico 3.9.4) relativo ao período de julho de 1997 a julho de 1998.

Diante de tais assertivas, o que se pode dizer é que o acórdão, de fato, é omisso quanto à temática do direito adquirido em relação ao exercício das ações adquiridas nos anos anteriores e que poderia ser concretizado em outras datas, como as mencionadas às fls. 905, terceiro parágrafo do tópico 3º.

Pela omissão, torna-se necessário o exame do mérito, já que essa matéria é solicitada de forma literal no apelo (fls. 816, página 50 do recurso ordinário).

Passando-se ao exame do mérito, temos:

a) a postulação foi objeto de impugnação por parte da reclamada às fls. 69 e seguintes;

b) a postulação foi indeferida sob o fundamento de que "reconhecida à natureza salarial dos valores obtidos através dos planos SOP e ESPP, e considerando-se as disposições dos próprios planos, falar não há em entrega de ações ou indenização por conta de operações não realizadas". "A opção não foi exercida no prazo fixado, e cessada a relação de emprego não se produzem mais efeitos de natureza remuneratória" (fls. 757, tópico 6º);

c) a reclamada informa que todas as opções de ações foram dadas ao reclamante e por ele subscritas, sendo que esse direito foi exercido no mercado de capital norte-americano (letra "b" às fls. 70);

d) a reclamada também pondera às fls. 70, letra "c", que o empregado teria o prazo de noventa dias para exercer eventuais direitos adquiridos de opções após a data da sua dispensa. Esse argumento é reiterado pelo Sr. Perito às fls. 295, quando procede a resposta ao quesito de n. 4 formulado pelo Juízo (fls. 263);

e) o reclamante, no quesito de n. 2, solicitou: "Queira o Sr. Perito Judicial informar se a Reclamada permitiu ao Reclamante o exercício de opções de compra de ações (SOP), cujos vencimentos, conforme imposição da Reclamada, dar-se-iam após a data de sua dispensa imotivada" (fls. 268).

Na sua resposta, o Sr. Perito esclareceu (fls. 312): "As regras do plano 'SOP', não permitem o exercício de opção de compra de ações referentes a este plano, com vencimentos após a data da dispensa, exceto aquelas cuja carência já haviam se expirado, havendo para tanto um prazo de 90 dias para o exercício da respectiva opção de compra".

Nos seus esclarecimentos, o Sr. Perito aduziu: a) outorga ao reclamante da opção de compra das ações (fls. 556/557); b) às fls. 558/562, o reclamante exercitou o direito de opção, observando-se os prazos concedidos na própria outorga; pelo exame dos esclarecimentos, o último exercício ocorreu em 6.07.1998 em face da opção outorgada em 15.07.1996.

O Plano SOP só autoriza o exercício do direito de opção para as carências já expiradas, fixando-se para tanto um prazo de noventa dias. Vale dizer, o plano não autoriza o exercício do direito de compra para as outorgas que prevejam data superior ao momento da rescisão contratual.

Quando da admissão, o autor tinha plena ciência de que como teria direito ao exercício da opção de compra.

A cada período, o empregador outorgava ao empregado a opção de compra de ações, contudo, esse direito somente poderia ser exercido mediante certo prazo de carência.

Em função das outorgas, após um certo período, o reclamante passou a exercitar o seu direito em função dos primeiros lotes da primeira outorga e assim sucessivamente, como bem posto pelo Sr. Perito.

Claro está, que no momento da dispensa, o empregado teria lotes de ações de várias outorgas, em relação às quais não poderia exercitar o seu direito de compra, já que não era mais empregado.

Essa sistemática, a meu ver, não fere o direito adquirido do trabalhador.

O direito adquirido somente se concretiza quando constatado o prazo adequado para o efetivo exercício do direito de opção.

A outorga dos lotes é uma cláusula contratual, contudo, o exercício somente se implementa, ou seja, o efetivo exercício do direito de opção somente é possível quando do implemento dos prazos previstos em cada outorga efetuada.

O direito somente é adquirido quando se tem o implemento do prazo fixado para o exercício do direito de opção de compra.

Tais ilações são viáveis, já que as concessões dessas outorgas trouxeram sensíveis benefícios ao trabalhador, mesmo não sendo de natureza salarial.

O empregado, quando admitido, tinha ciência que havia uma certa carência para a aquisição efetiva das ações em cada outorga concedida e que somente poderia exercê-las quando fosse empregado.

Não se pode argumentar que a dispensa tenha representado uma forma obstativa à aquisição desses direitos, já que a fixação de prazos em cada outorga para a compra das ações não se configura uma condição potestativa.

A condição é a cláusula contratual que subordina a eficácia do ato a um evento futuro e incerto.

O fato de a empresa estipular prazos para o exercício efetivo do direito não é uma condição potestativa.

Não é potestativa já que a cláusula trazia sensíveis benefícios para o trabalhador, logo, nada mais justo e razoável que se tenha à fixação de prazos e que somente possam ser implementados se em vigência o próprio contrato de trabalho. Por tais elementos, por não haver a configuração do direito adquirido ou a existência de condição potestativa, não comungo da interpretação desejada às fls. 906, logo, não vislumbro violação aos artigos citados às fls. 906.

Mesmo com os esclarecimentos prestados, suprindo a omissão, não há efeito modificativo quanto ao tópico 3º dos embargos declaratórios.

3.3. Omissão (tópico 4º)

Não vejo a omissão indicada às fls. 907.

O acórdão é por demais explícito quanto ao exame da natureza jurídica dos planos "SOP" e "ESPP".

Não há na legislação processual civil ou trabalhista nenhum dispositivo legal que obrigue o Judiciário a declinar o exame de todas as questões postas pelas partes, no curso do processado, para cada uma das causas de pedir e pedido.

Se assim o fosse, o que teríamos seria uma seqüência interminável de questionários para o órgão jurisdicional.

Os elementos postos às fls. 907 não justificam, por si só, a ocorrência da natureza salarial dos planos de ações.

Esses benefícios não se vinculavam à efetiva disponibilização da força de trabalho do autor.

Rejeito, pois, essa omissão.

3.5. Tópico 5º (fls. 908)

A matéria posta no tópico 5º já se encontra exaurido pelas razões postas e desenvolvidas no tópico 3.3.

A simples fixação de prazo não se configura em condição potestativa.

CONCLUSÃO

Diante do exposto, os embargos declaratórios das partes são conhecidos e, quanto aos respectivos conteúdos, delibera-se:

a) nega-se provimento ao apelo da reclamada;

b) ACOLHE-SE PARCIALMENTE O APELO DO RECLAMANTE, prestando-se os esclarecimentos necessários na forma da fundamentação do voto supra. A parte conclusiva do acórdão embargado permanece inalterável, logo, não há efeito modificativo.

FRANCISCO FERREIRA JORGE NETO

JUIZ RELATOR"

O Tribunal Superior do Trabalho, por sua vez, no que se refere às *Stock Options*, manteve a decisão regional, no sentido de que a natureza jurídica das opções de ação concedidas não possuem caráter salarial.

"Número Único Processo: RR — 3273/1998-064-02-00

Publicação: DJ — 31/03/2006

PROC. N. TST-RR-3273/1998-064-02-00.7

CJ AIRR-3273/1998-064-02-40.1

ACÓRDÃO

(4ª Turma)

(...)

VOTO

PRELIMINAR DE NÃO-CONHECIMENTO ARGÜIDA EM CONTRA-RAZÕES

(...)

Rejeito.

1 — CONHECIMENTO

(...) 1.1 PRELIMINAR DE NULIDADE DO ACÓRDÃO REGIONAL POR NEGATIVA DE PRESTAÇÃO JURISDICIONAL

(...)

Relativamente às peculiaridades dos **stock option** plans limitou-se consignar que o Colegiado de origem não se pronunciou sobre fatos considerados incontroversos e alinhados nas razões recursais de fls. 947, sem os cotejar com os fundamentos das decisões de origem, culminando por trazer à colação as fls. 948 ensinamentos do professor José Augusto Rodrigues Pinto que opinara favoravelmente à sua natureza salarial. De qualquer modo, verifica-se da fundamentação de fls. 878 do acórdão recorrido ter o Regional afastado a nulidade da sentença da JCJ, ao fundamento de que, apesar de não ter sido redigida pelo Juiz-Presidente, atendia na íntegra o disposto no artigo 832 da CLT, arrematando a fls. 879 que a sentença indica o teor da proposta do juiz togado, a qual foi acolhida em parte e a indicação da divergência. Da análise desses votos, temos a improcedência total da demanda.

Já no que concerne às peculiaridades dos **stock option** plans, constata-se das razões do recurso de revista ter o recorrente consignado que no acórdão dos embargos de declaração não fora examinado o preenchimento da condição imposta pela empresa para aquisição do direito, nos anos anteriores, a habitualidade do pagamento e a vantagem econômica assegurada ao empregado, sem qualquer risco.

Ocorre que tais peculiaridades não guardam correlação com as questões suscitadas nos embargos de declaração, nos quais o recorrente alertara para a inexistência de pronunciamento sobre o exercício das opções de compra de ações adquiridas nos anos anteriores, e que poderia se concretizar em julho/1998, janeiro/1999, julho/1999, janeiro/2000, julho/2000, janeiro/2001, julho/2001 e janeiro/2002, concluindo não ter sido enfrentado a questão sobre o fundamento para a legitimidade da supressão desse direito pela rescisão contratual, que consagra cláusula puramente potestativa.

De qualquer forma, verifica-se do acórdão dos embargos de declaração ter o Regional indeferido a pretensão ao fundamento de ser imprescindível que o direito de opção de compra de ações fosse exercido dentro do prazo previsto em cada outorga efetuada, deixando subentendido que em relação ao período de julho de 1998 a janeiro de 2002 o recorrente não exercera tal direito no prazo de 90 dias que se seguiu à rescisão contratual.

Em outras palavras, embora o Regional consignasse que no momento da dispensa o empregado não poderia exercitar o seu direito de compra, por não integrar o quadro de pessoal da empresa, na fundamentação de fls. 929 sublinhou que O direito adquirido somente se concretiza quando constatado o prazo adequado para o efetivo exercício do direito de opção e que a outorga dos lotes é uma cláusula contratual, contudo, o exercício somente se implementa, ou seja, com o efetivo exercício do direito de opção somente é possível quando do implemento dos prazos previstos em cada outorga efetuada.

Por conta dessa singularidade da decisão dos embargos, na qual se acha subjacente o fato de a ação ter sido ajuizada após o transcurso do prazo para o exercício do direito de opção de compra de ações, era imprescindível que o recorrente interpusesse novos embargos de declaração, a fim de exortar o Tribunal a sanar a aparente contradição daquele decisão, tendo em vista que ora se inclinava para o não reconhecimento do direito após a rescisão do contrato, ora firmava tese de ele não ter sido adquirido porque não teria sido exercido no prazo de 90 dias que se seguiu à dissolução contratual.

Não os tendo interpostos na oportunidade, não há como o TST deliberar conclusivamente sobre a negativa de prestação jurisdicional, pelo que a irresignação de mérito será examinada dentro do contexto fático-jurídico delineado no acórdão dos embargos de declaração.

Não conheço.

1.2 NULIDADE DA SENTENÇA

(...)

1.3 **STOCK OPTION** PLANS. CONDIÇÃO POTESTATIVA

Pretende o reclamante o reconhecimento do direito de opção de compra de ações, alegando que configura como condição potestativa a cláusula contratual que dispõe a respeito. Aponta violação aos arts. 115, 120 do CC anterior, 6º, § 2º, da LICC e 5º, XXXVI, da Carta Magna e traz arestos para confronto.

O tópico do recurso em que se sustenta a vulneração dos artigos 115 e 120 do Código Civil de 16, do artigo 6º, da LICC e 5º, XXXVI, da Constituição acha-se desfundamentado, uma vez que o recorrente não declinou as razões pelas quais ela teria sido perpetrada pelo Regional.

Com efeito, num primeiro momento, depois de transcrever trecho da decisão impugnada, cuidou abruptamente de consignar apenas o fato de que ela não poderia prevalecer porque teria afrontado direta e literalmente as normas ali indicadas. Num segundo momento, sem trazer à colação os fundamentos da decisão regional, a fim de demonstrar que eles teriam implicado na vulneração daqueles preceitos, permitiu-se mera e inócua digressão teórica sobre as normas legais.

Efetivamente ali acabou arrematando a sua irresignação com a incognoscível versão de que impõe-se, como se vê, o conhecimento e provimento do apelo quanto ao tópico, a fim de que seja reconhecido o direito ao exercício de todas as opções pendentes ou, sucessivamente, a compensação econômica correspondente aos ganhos que o autor já tinha por certo receber, no importe equivalente à diferença entre os valores prefixados para o exercício e a cotação de mercado no momento da rescisão. Já no que concerne à divergência jurisprudencial, é orientação consolidada nesta Corte, por meio da Súmula 337, ser imprescindível à sua higidez que a parte transcreva, nas razões recursais, as ementas e/ou trechos dos acórdãos trazidos à configuração do dissídio, comprovando as teses que identifiquem os casos confrontados, ainda que os acórdãos já se encontrem nos autos ou venham a ser juntados com o recurso.

Significa dizer ser ônus da parte identificar a tese adotada pelo Regional e a contra-tese consagrada no aresto ou arestos paradigmas, a partir da demonstração da identidade de premissas fáticas, ônus do qual não se desimcumbiu o recorrente, visto que, malgrado transcrevesse trecho do acórdão recorrido e arestos paradigmas, deixou de aludir à tese que identificasse o conflito jurisprudencial.

Realmente, nas razões recursais de fls. 972/977, além de ter-se limitado a transcrever tópico do acórdão recorrido, não dilucidou a tese nele consagrada para proceder ao conflito analítico da contra-tese adotada nos arestos paradigmas, cuidando simplesmente de os trazer à colação aleatoriamente para culminar com a precipitada alegação de que teriam dissentido da decisão atacada, pelo que rigorosamente o recurso não se habilita à cognição do TST.

Em que pese a deficiência no manejo do recurso, para se evitar futura e imerecida queixa de negativa de prestação jurisdicional, convém ainda assim examinar a pretensa especificidade dos arestos trazidos a cotejo. Pois bem, verifica-se da fundamentação de fls. 930 do acórdão dos embargos de declaração que o Regional, ao negar que a dispensa tenha representado uma forma obstativa de aquisição do direito de compra de ações, tinha por pressuposto o fato de que a fixação de prazos para o seu exercício não se configurava uma condição potestativa.

Vale dizer que o Regional entendeu não ser condição potestativa a fixação do prazo para exercer o direito de opção de compra de ações e por conta disso firmou a tese de que a dispensa não podia ser considerada como forma obstativa da sua aquisição.

É certo que mais adiante entendeu ser legítima a cláusula contratual que condicionava o exercício do direito de compra de ações à vigência do contrato de trabalho, mas não explicitou se essa condição seria considerada potestativa, nem firmou tese se a dispensa do empregado caracterizasse forma obstativa de aquisição desse direito, pelo que, conforme já salientado, havia necessidade de o recorrente interpor novos embargos de declaração.

Ao contrário, deixou registrado na fundamentação de fls. 930 que não é potestativa já que a cláusula trazia sensíveis benefícios para o trabalhador, logo, nada mais justo e razoável que se tenha a fixação de prazos e que somente possam ser implementados se em vigência o próprio contrato de trabalho.

Por sinal, segundo consignado no tópico em que se apreciou a preliminar de negativa de prestação jurisdicional, constata-se do acórdão dos embargos de declaração ter o Regional indeferido a pretensão ao fundamento de ser imprescindível que o direito de opção de compra de ações fosse exercido dentro do prazo previsto em cada outorga efetuada, deixando subentendido que em relação ao período de julho de 98 a janeiro de 2002 o recorrente não exercera tal direito no prazo de 90 dias que se seguiu à rescisão contratual.

Em outras palavras, embora o Regional consignasse que no momento da dispensa o empregado não poderia exercitar o seu direito de compra, por não integrar o quadro de pessoal da empresa, na fundamentação de fls. 929 sublinhou que o direito adquirido somente se concretiza quando constatado o prazo adequado para o efetivo exercício do direito de opção e que a outorga dos lotes é uma cláusula contratual, contudo, o exercício somente se implementa, ou seja, com o efetivo exercício do direito de opção somente é possível quando do implemento dos prazos previstos em cada outorga efetuada.

Por conta dessa singularidade da decisão dos embargos, na qual se acha subjacente o fato de a ação ter sido ajuizada após o transcurso do prazo para o exercício do direito de opção de compra de ações, não se divisa a especificidade dos arestos de fls. 973/977, a teor das Súmulas 296 e 297 do TST.

Realmente o de fls. 973/974 fixou tese sobre a existência de condição potestativa ilícita a partir da premissa fática, não retratada na decisão recorrida, da fixação de cláusula condicional de vigência mínima do contrato de trabalho, em função da qual firmou a tese, não discrepante da tese do Regional, de que não pode ser afastado do obreiro o direito à percepção do plus pecuniário se foi despedido imotivadamente antes do advento da data fatal, mormente quando se encontram preenchidos os demais requisitos à agraciação.

O de fls. 974/976 enfrenta questão que não o foi na decisão recorrida sobre a natureza da expressão no caso de demissão, que o paradigma entendeu ser inaplicável à hipótese em que houve a cessação do vínculo por iniciativa do empregador. Já o de fls. 973 trata de matéria igualmente distinta da que o fora pelo Regional, consistente na natureza potestativa pura da condição que vincula o reflexo das horas extras no RSR à sua ocorrência durante toda semana anterior, ao passo que o de fls. 977, tanto quanto os demais, abordou questão estranha à controvérsia dos autos, consubstanciada na nulidade do acordo de prorrogação e compensação condicionado ao arbítrio do empregador.

Não conheço.

1.4 — STOCK OPTION PLANS. NATUREZA SALARIAL

Sustenta o reclamante a natureza salarial do benefício, alegando que a opção de compra de ações é um benefício que faz parte da estratégia de remuneração da empresa. Aponta violação aos arts. 457 e 458 da CLT e indica arestos para confronto.

O Regional consignou às fls. 891:

A opção pela compra de ações é um benefício, o qual faz parte da estratégia de remuneração da empresa, a qual, porém, não tem o escopo de remunerar os serviços prestados, já que eventual benefício efetivo a empregado está na razão direta do aumento do valor das ações da empresa.

Em outras palavras, esse título não é salário, pois, não está vinculado à efetiva prestação dos serviços. O fato de o autor ter tido sucesso com tais ações (fls. 791) não implica em dizer que essa parcela seja de cunho salarial. Esse lucro é derivado dos valores de mercado das ações da reclamada e não se vinculam diretamente ou indiretamente à força de trabalho disponibilizada pelo reclamante à reclamada.

Não se configura a natureza salarial da parcela quando a vantagem percebida está desvinculada da força de trabalho disponibilizada e se insere no poder deliberativo do empregado, não se visualizando as ofensas aos arts. 457 e 458 da CLT.

Nesse sentido escreve Sérgio Pinto Martins, em artigo sobre a natureza do ***Stock Options*** no direito do trabalho, publicado no repertório IOB de jurisprudência n. 16/01, página 304:

Natureza jurídica da opção de compra de ações é mercantil, embora feita durante contrato de trabalho, pois representa mera compra e venda de ações. Envolve a opção um ganho financeiro, sendo até um investimento feito pelo empregado nas ações da empresa. Por se tratar de risco do negócio, em que as ações ora estão valorizadas, ora perdem seu valor, o empregado pode ter prejuízo com a operação. É uma situação aleatória, que nada tem a ver com o empregador em si, mas com o mercado de ações. Igualmente Luciana Aboim Machado Gonçalves da Silva, em artigo publicado na Revista IOB, n. 199-janeiro/2006, filia-se à corrente que destaca a natureza mercantil da opção de compra de ações.

Com efeito, segundo escreve: A Lei de Sociedades Anônimas (Lei n. 6.404/1976, artigo 168, § 3º) prevê a possibilidade de os empregados participarem das ações da empresa por meio de plano de opção de compra de ações, negociadas no mercado de capitais, por um dado preço e em certo período. O contrato de opção de compra de ações negociado no mercado de capitais tem natureza jurídica mercantil e, por conseguinte, não integra o contrato de trabalho. Atribui ao empregado a opção de aquisição de lotes de ação, dentro de um prazo predeterminado, por meio de pagamento de um preço prefixado. O proveito obtido pelo empregado com a venda de ações não se confunde com o salário. Nesse caso o empregado adquire uma personalidade mista de assalariado e capitalista. Já os arestos colacionados às fls. 993/994 revelam-se inespecíficos, nos termos da Súmula n. 296 do TST, pois o primeiro refere-se ao prêmio-produtividade e o segundo trata dos bichos pagos em função do desempenho da equipe de futebol, hipóteses distintas da discutida nos autos. O aresto de fls. 995 é originário de Turma do TST, sendo inservível, na esteira do art. 896 da CLT.

Não conheço.

1.5 PLANO DE SAÚDE. NATUREZA SALARIAL

(...)

2 MÉRITO

ISTO POSTO

ACORDAM os Ministros da 4ª Turma do Tribunal Superior do Trabalho, por unanimidade, rejeitar a preliminar argüida em contra-razões; conhecer do recurso de revista em relação aos descontos previdenciários, por divergência jurisprudencial, e, no mérito, dar-lhes provimento para, em relação aos descontos previdenciários, determinar a observância da Súmula n° 368 do TST; e conhecer do recurso quanto à correção monetária, por divergência jurisprudencial, e, no mérito, dar-lhe provimento para determinar que a incidência de correção monetária sobre os valores pagos observe o primeiro dia útil do mês subseqüente ao vencido.

Brasília, 15 de março de 2006.

MINISTRO BARROS LEVENHAGEN

Relator"

O reclamante opôs Embargos Declaratórios, abaixo o acórdão proferido:

"**NÚMERO ÚNICO PROC**: ED-RR — 3273/1998-064-02-00

PUBLICAÇÃO: DJ — 02/06/2006

PROC. N. TST-ED-RR-3273/1998-064-02-00.7

ACÓRDÃO

EMBARGOS DECLARATÓRIOS. Embargos rejeitados, por conta da higidez jurídica do acórdão embargado no cotejo com a norma do art. 535 do CPC.

Vistos, relatados e discutidos estes autos de Embargos Declaratórios em Recurso de Revista, n. TST-ED-RR-3273/1998-064-02-00.7, em que é

Embargante LUÍS ALBERTO MENONI POPIENIA e Embargada MICROSOFT INFORMÁTICA LTDA.

O reclamante interpõe embargos declaratórios ao acórdão de fls.

1.068/1.086, consoante razões alinhadas às fls. 1.092/1.096.

Visto o feito, determinei sua colocação em Mesa, na forma regimental.

É o relatório.

VOTO

Conheço.

O Embargante insiste na especificidade da divergência jurisprudencial colacionada no recurso de revista.

Sustenta que o ponto nodal da controvérsia refere-se à existência de cláusula contratual fixando parcela extralegal, em que a rescisão contratual imotivada é ato ilícito porque impossibilita a percepção da verba.

Aduz que os arestos colacionados registram o entendimento de que a rescisão contratual imotivada e por iniciativa do empresário constitui ato ilícito porque obsta a condição contratual.

Assinala a irrelevância jurídica da discussão em torno da existência ou não de prazo de vigência do contrato de trabalho e a parcela, em si, vinculada à condição contratual, uma vez que o importante seria a existência de ato empresarial impossibilitando o implemento da condição temporal.

Reporta-se ao aresto paradigma de fls. 973/974, fazendo alusão à tese de que não importa que o contrato tenha ou não prazo mínimo de vigência, uma vez que o relevante é que anteriormente ao advento do prazo para obtenção de determinado direito houve a rescisão imotivada; e que o aresto de fls. 974/975 afirma que somente inexiste direito se há demissão (iniciativa do trabalhador), mas que é ilícito o ato de iniciativa do empresário.

Constou do acórdão embargado:

Já no que concerne à divergência jurisprudencial, é orientação consolidada nesta Corte, por meio da Súmula 337, ser imprescindível à sua higidez que a parte transcreva, nas razões recursais, as ementas e/ou trechos dos acórdãos trazidos à configuração do dissídio, comprovando as teses que identifiquem os casos confrontados, ainda que os acórdãos já se encontrem nos autos ou venham a ser juntados com o recurso.

Significa dizer ser ônus da parte identificar a tese adotada pelo Regional e a contra-tese consagrada no aresto ou arestos paradigmas, a partir da demonstração da identidade de premissas fáticas, ônus do qual não se desincumbiu o recorrente, visto que, malgrado transcrevesse trecho do acórdão recorrido e arestos paradigmas, deixou de aludir à tese que identificasse o conflito jurisprudencial. Realmente, nas razões recursais de fls. 972/977, além de ter-se limitado a transcrever tópico do acórdão recorrido, não dilucidou a tese nele consagrada para proceder ao conflito analítico da contra-tese adotada nos arestos paradigmas, cuidando simplesmente de os trazer à colação aleatoriamente para culminar com a precipitada alegação de que teriam dissentido da decisão atacada, pelo que rigorosamente o recurso não se habilita à cognição do TST.

Em que pese a deficiência no manejo do recurso, para se evitar futura e imerecida queixa de negativa de prestação jurisdicional, convém ainda assim examinar a pretensa especificidade dos arestos trazidos a cotejo.

Pois bem, verifica-se da fundamentação de fls. 930 do acórdão dos embargos de declaração que o Regional, ao negar que a dispensa tenha representado uma forma obstativa de aquisição do direito de compra de ações, tinha por pressuposto o fato de que a fixação de prazos para o seu exercício não se configurava uma condição potestativa. Vale dizer que o Regional entendeu não ser condição potestativa a fixação do prazo para exercer o direito de opção de compra de ações e por conta disso firmou a tese de que a dispensa não podia ser considerada como forma obstativa da sua aquisição. É certo que mais adiante entendeu ser legítima a cláusula contratual que condicionava o exercício do direito de compra de ações à vigência do contrato de trabalho, mas não explicitou se essa condição seria considerada potestativa, nem firmou tese se a dispensa do empregado caracterizasse forma obstativa de aquisição desse direito, pelo que, conforme já salientado, havia necessidade de o recorrente interpor novos embargos de declaração.

Ao contrário, deixou registrado na fundamentação de fls. 930 que não é potestativa já que a cláusula trazia sensíveis benefícios para o trabalhador, logo, nada mais justo e razoável que se tenha a fixação de prazos e que somente possam ser implementados se em vigência o próprio contrato de trabalho.

Por sinal, segundo consignado no tópico em que se apreciou a preliminar de negativa de prestação jurisdicional, contata-se do acórdão dos embargos de declaração ter o Regional indeferido a pretensão ao fundamento de ser imprescindível que o direito de opção de compra de ações fosse exercido dentro do prazo previsto em cada outorga efetuada, deixando subentendido que em relação ao período de julho de 98 a janeiro de 2002 o recorrente não exercera tal direito no prazo de 90 dias que se seguiu à rescisão contratual.

Em outras palavras, embora o Regional consignasse que no momento da dispensa o empregado não poderia exercitar o seu direito de compra, por não integrar o quadro de pessoal da empresa, na fundamentação de fls. 929 sublinhou que o direito adquirido somente se concretiza quando constatado o prazo adequado para o efetivo exercício do direito de opção e que a outorga dos lotes é uma cláusula contratual, contudo, o exercício somente se implementa, ou seja, com o efetivo exercício do direito de opção somente é possível quando do implemento dos prazos previstos em cada outorga efetuada.

Por conta dessa singularidade da decisão dos embargos, na qual se acha subjacente o fato de a ação ter sido ajuizada após o transcurso do prazo para o exercício do direito de opção de compra de ações, não se divisa a especificidade dos arestos de fls. 973/977, a teor das Súmulas 296 e 297 do TST.

Realmente o de fls. 973/974 fixou tese sobre a existência de condição potestativa ilícita a partir da premissa fática, não retratada na decisão recorrida, da fixação de cláusula condicional de vigência mínima do contrato de trabalho, em função da qual firmou a tese, não discrepante da tese do Regional, de que não pode ser afastado do obreiro o direito à percepção do plus pecuniário se foi despedido imotivadamente antes do advento da data fatal, mormente quando se encontram preenchidos os demais requisitos à agraciação.

O de fls. 974/976 enfrenta questão que não o foi na decisão recorrida sobre a natureza da expressão no caso de demissão, que o paradigma entendeu ser inaplicável à hipótese em que houve a cessação do vínculo por iniciativa do empregador. Já o de fls. 973 trata de matéria igualmente distinta da que o fora pelo Regional, consistente na natureza potestativa pura da condição que vincula o reflexo das horas extras no RSR à sua ocorrência durante toda semana anterior, ao passo que o de fls. 977, tanto quanto os demais, abordou questão estranha à controvérsia dos autos, consubstanciada na nulidade do acordo de prorrogação e compensação condicionado ao arbítrio do empregador.

Não conheço. (grifo nosso)

Não obstante o acórdão embargado tenha registrado a deficiência no manejo do recurso de revista ao registrar que o reclamante, nas razões do recurso de revista, deixou de proceder ao conflito analítico da contra-tese adotada nos arestos paradigmas, optou por relevar a falha ali detectada e prosseguir no exame da especificidade dos arestos colacionados.

O embargante pretende, na verdade, o reexame da matéria discutida acerca do tema **Stock Option** Plans. Condição Potestativa, sem demonstrar qualquer omissão ou contradição que justificasse a interposição dos embargos declaratórios.

Com isso, acha-se subjacente aos embargos mero inconformismo da parte quanto ao decidido no acórdão embargado, o que desafia recurso próprio, para, caso configurado *error in judicando*, obter-se a sua reforma.

Do exposto, rejeito os embargos declaratórios.

ISTO POSTO

ACORDAM os Ministros da 4ª Turma do Tribunal Superior do Trabalho, por unanimidade, rejeitar os embargos declaratórios.

Brasília, 17 de maio de 2006.

MINISTRO BARROS LEVENHAGEN

Relator"

3ª) PROCESSO N. 42364-2002-902-02-00-2
PARTES: COMPUTER ASSOCIATES DO BRASIL LTDA. E VICENTE EXPEDITO DO PRADO

A sentença de primeira instancia julgou a ação improcedente, tendo o reclamante recorrido. Abaixo o inteiro teor do Acórdão regional.

"Recurso Ordinário

Data de Julgamento: 17/11/2003

Relatora: ANELIA LI CHUM

Revisora: SONIA MARIA DE BARROS

Acórdão n.: 20030636234

Processo n.: 42364-2002-902-02-00-2 **Turma**: 7ª

Data de Publicação: 05/12/2003

Recorrente: Vicente Expedito do Prado

Recorrido: Computer Associates do Brasil Ltda.

EMENTA:

STOCK OPTIONS. INCENTIVO AO EMPREGADO. CARÁTER NÃO SALARIAL. Tratando-se as denominadas *Stock Options* de incentivo ao empregado no desenvolvimento de seus misteres, condicionado, porém, a regras estabelecidas e não sendo gratuito, visto que sujeito a preço, embora com desconto, tem-se que não guardam tais opções de compra de ações da empresa caráter salarial. Recurso Ordinário obreiro a que se nega provimento, no aspecto.

RELATÓRIO:

Da r. sentença de fls. 215/217, cujo relatório adoto, que julgou IMPROCEDENTE a reclamação, recorre o reclamante, a fls. 220/228, argüindo, preliminarmente, nulidade do julgado, por violação dos artigos 458, 459 e 460 do CPC, tendo indeferido pedido não contestado pela Ré. No mérito, aduzindo que o "plano de incentivo de opções de ações" guarda nítido caráter salarial, tratando-se de incentivo ao empregado, pugna pela indenização correspondente às bonificações e direitos de opção dos anos de 1996, 1997 e 1998, cujos certificados não lhe foram entregues, bem como pelo saldo correspondente aos anos de 1994 e 1995, cujo direito de opção foi obstado mediante sua injusta demissão.

(...)

É o relatório.

VOTO

(...)

2. DA INDENIZAÇÃO CORRESPONDENTE AO SALDO DAS OPÇÕES DE COMPRA DE AÇÕES DE 1994 E 1995

Pugna o reclamante pelo recebimento de indenização correspondente ao saldo das opções de compra de ações da reclamada correspondentes aos anos de 1994 e 1995, dizendo ter sido obstado esse direito mediante sua injusta dispensa, sendo que, nessa ocasião, detinha direito a exercer tais opções.

Ab initio, impende tecer breve comentário acerca do entendimento dado à matéria pelo MM Juízo ***a quo***, tendo este feito consignar em sua r. decisão que, ***verbis***, "é de se reconhecer [...] que a vantagem em questão, não tem natureza salarial porquanto trata-se de relação de natureza mercantil e tampouco se incorpora definitivamente ao contrato de trabalho. Isto porque a ação não é concedida gratuitamente, mas mediante o pagamento de um preço, embora com desconto, advindo daí a vantagem pelo fato de se empregado, sendo certo ainda, que uma vez conferida a opção para aquisição da ação, poderá o empregado adquiri-la ou não, ficando a seu exclusivo critério exercer ou não o direito de opção, mesmo com a expectativa de obtenção de lucro com a sua posterior venda. A par disso, a concessão de certificados, para o fim de conferir o direito de opção na subscrição de ações da reclamada, não se constitui em um direito líquido e certo do reclamante, só pelo fato de se tratar de empregado da reclamada, porquanto os planos de incentivo de opções de ações instituídos pela reclamada, conforme se verifica pelos documentos acostados aos autos com a defesa, são estabelecidos mediante condições, de sua livre conveniência e oportunidade com regras determinadas pelo Comitê nomeado para a reclamada, para administração do plano, e dentre elas selecionar funcionários para participar do plano, em obediência aos objetivos do plano, [...]. Somente se uma vez obtidos os certificados, aí sim o empregado terá o direito adquirido de exercer a opção na subscrição de ações, porém somente nas condições e nos prazos estipulados" (fl. 216).

Pois bem; do quanto acima expendido e respeitado entendimento contrário, tenho que a concessão de certificados de opção para aquisição de ações da reclamada constitui, sim, nítido incentivo ao empregado, mas não se traduz como forma de remuneração pelo trabalho. É o que se verifica do "Propósito" do plano, definido a fl. 123. Ressalte-se, ainda, que, como visto, resta demonstrado que o preço de aquisição das ações seria, em tese, inferior ao preço de mercado, constituindo, pois vantagem para o empregado adquirente, ainda que, destaque-se, tal aquisição não seria, evidentemente, gratuita, mas onerosa. É o que se observa, exemplificativamente, do documento de fl. 156 (*in fine*).

De outro lado, tratando-se de incentivo criado por norma interna da reclamada, traduzindo verdadeiro benefício ao empregado, é de ter as condições de sua criação analisadas criteriosamente e segundo seus próprios termos (aplicação do art. 1.090 do Código Civil).

No caso dos autos, a reclamada deixou claro, em contestação, provando parcialmente sua tese, como se verá, que, possuindo o empregado direito adquirido ao exercício de opção de compra de ações, em caso de rescisão contratual, como ocorreu com o reclamante, perderia ele o direito de opção de compra (fl. 114-*in fine*/115). Na verdade, portanto, o fato do Autor possuir certificados de opção de compra de ações relativos aos anos de 1994 e 1995, não seria suficiente a garantir-lhe, nos termos em que postulado, o direito à opção de compra que teria sido obstada mediante sua injusta demissão, no ano de 1998.

Assim, observada a prova documental produzida pela Ré, verifica-se a fl. 165 que deveria o Autor ter exercido seu direito de compra de ações, relativo aos anos de 1994 e 1995, até o prazo de 5 (cinco) dias após a cisão contratual (item "IV"), fato esse não contestado pelo Autor, em sua manifestação de fls. 181/184 e que, portanto, impede o deferimento do pleito respectivo, tal como corretamente decidiu o MM Juízo *a quo*.

Destarte, é de ser mantida a r. sentença revisanda, rejeitando-se, portanto, o recurso interposto, quanto ao aspecto.

3. DA INDENIZAÇÃO CORRESPONDENTE AOS CERTIFICADOS DE OPÇÃO DE COMPRA DE AÇÕES DOS ANOS DE 1996, 1997 E 1998

Quanto ao tema epigrafado, é bem de ver que, como acima destacado, o Autor deveria ter demonstrado que implementara as condições contratualmente estabelecidas para fazer jus aos certificados de opção de compra de ações dos anos de 1996, 1997 e 1998. Desse encargo, entretanto, não se desvencilhou satisfatoriamente.

Com efeito, nos termos do item "III. 3.1 (a)" de fl. 125, o Comitê administrador do plano de ações de incentivo, ora analisado, teria a prerrogativa de "selecionar funcionários para participar do Plano", constituindo-se esse evento como condição para a aquisição do direito aos certificados ora em comento. No caso dos autos, não se podendo exigir da reclamada prova de fato negativo, deveria o Autor ter provado que, para os anos de 1996, 1997 e 1998 teria implementado a condição contratualmente imposta para a aquisição do direito ora perseguido, ônus do qual, entretanto, não se desvencilhou.

De outro lado, tratando-se de critério subjetivo do empregador, que detém o poder potestativo sobre o contrato de trabalho, revela-se questionável posicionamento que pretende desprezar a avaliação de empregado e que conclui por ser insatisfatório seu desempenho, tornando-se, pois, nesse caso, inexigível a concessão de benefício atrelado a esse desempenho.

Destarte, também por esse ângulo, não há como ser acolhida a tese recursal de que, pelo fato de ter sido contemplado com o direito de opção de compra de ações da empresa de 1988 a 1995, teria o Autor, automaticamente, direito semelhante nos anos posteriores.

De outro lado, e deitando pá-de-cal sobre o tema, não se pode requerer indenização por dano não provado.

Com efeito, tratando-se de ações cujo valor, sabidamente, oscila nas bolsas de valores, necessária seria a demonstração de que, em relação às ações a que, em tese, o recorrente teria direito de compra, teriam elas sofrido valorização, no decorrer do tempo, a ponto de valerem mais do que à época em que, hipoteticamente, teriam sido adquiridas pelo ex-empregado. Desse encargo, entretanto, não se desvencilhou o recorrente, pelo que, também por esse ângulo não se pode deferir o pleito de indenização formulado, restando indemonstrado o dano material aludido nas razões de apelo.

Assim, de qualquer ângulo que se observe a questão, razão não assiste ao recorrente, devendo ser mantida a r. sentença revisanda.

Do exposto, rejeitada a preliminar de nulidade do julgado, pelos fundamentos acima expendidos **nego provimento ao recursos**, mantido o *r. decisum* recorrido.

ANELIA LI CHUM

Juíza Relatora

4ª) PROCESSO N. 496200204102400
PARTES: INTEL SEMICONDUTORES DO BRASIL LTDA. E ROSALVA GUEDES DE MIRANDA AGRELA

No referido processo, foi deferido o pagamento de uma indenização, correspondente ao lote de ações que a autora tinha a receber e em razão da rescisão contratual foi impedida de fazê-lo.

O acórdão regional entendeu que as *Stock Options* se tratavam na verdade de prêmios e que por esta razão deveriam integrar a remuneração da autora para todos os efeitos, conferindo o caráter salarial à referida parcela.

"Acórdão n.: 20040073232

Processo TRTSP n.: 00496200204102006

Recurso Ordinário — 41ª VT de São Paulo

1ª Recorrente: INTEL Semicondutores do Brasil Ltda.

2ª Recorrente: Rosalva Guedes de Miranda Agrela

ACORDAM os Juízes da 2ª TURMA do Tribunal Regional do Trabalho da Segunda Região em: por unanimidade de votos, dar provimento parcial a ambos os recursos; ao da reclamada, para o fim de determinar que seja considerado para o cálculo da indenização o valor de US$ 27,47, passando a indenização a ser devida no importe de R$ 236.250,97 e autorizar os descontos fiscais e previdenciários, conforme Prov. 01/96 da CGJT, independente da limitação mês a mês do salário de contribuição bem como das alíquotas progressivas, que, no entanto, não incidirão sobre a indenização relativa às ações; ao da reclamante, para determinar o pagamento de horas extras e reflexos do período imprescrito e a dobra das férias do período aquisitivo 1999/2000 acrescidas do terço constitucional, na forma da fundamentação do voto do Sr. Juiz Relator. Custas de R$ 5.600,00, calculadas sobre o valor da condenação, de R$ 280.000,00, ora arbitrado.

São Paulo, 19 de Fevereiro de 2004.

LUIZ CARLOS GOMES GODOI

PRESIDENTE E RELATOR

(Íntegra do Voto)

Recurso Ordinário de ambas as partes, objetivando a reforma da r. sentença de fls. 326/328, que julgou PROCEDENTE EM PARTE a reclamação.

Sustentam:

I — a Reclamada que: a) é oferecido um Plano de Opção de Aquisição de Ações, conforme demonstram os documentos, visando estimular a integração do empregado na empresa, oferecendo-lhe a oportunidade de adquirir ações da companhia; b) de tempos em tempos a empresa oferece a opção de adquirir, por um preço fixo, determinado lote de ações, devendo para tanto o empregado sujeitar-se a um prazo de carência, existindo, ainda, uma data limite para a compra, portanto, até o prazo de carência o empregado tem garantida apenas a opção de aquisição das ações; c) ultrapassado esse interregno, estando o empregado na empresa, caso as ações estejam valendo no mercado mais do que o preço pelo qual lhe foram oferecidas, o empregado opta por adquiri-las e, simultaneamente, vendê-las no mercado, de forma a beneficiar-se com o lucro da venda; d) se no momento do exercício do direito de opção pela aquisição das ações estas estiverem valendo menos do que o preço pelo qual foram ofertadas no Plano, o empregado efetivamente não opta por adquiri-las, pois nessa hipótese se veria obrigado a desembolsar dinheiro, como esclareceu a testemunha da Reclamada e comprovam os documentos acostados à defesa; e) diante desse histórico quando houve a ruptura do pacto laboral a Reclamada não era proprietária de 3.354 ações da empresa, posto que estavam sujeitas a prazos de carência para a efetiva aquisição e negociação no mercado mobiliário americano; f) a oitiva das testemunhas bem como o depoimento da Reclamante comprovam a existência de prazo de carência; g) de acordo com as regras do Plano, em caso de dispensa, o empregado somente pode exercitar seu direito de aquisição das ações cujos prazos de carência já tenham sido implementados, como é o caso dos autos; h) o direito da Reclamante à aquisição das ações ofertadas estava inteiramente condicionado à circunstância de estar a empregada trabalhando à época em que a aquisição das ações se tornasse possível; i) a Reclamada apenas exerceu o seu poder diretivo, estando autorizada a dispensar quaisquer dos seus empregados não estáveis, sem justa causa; j) ainda que mantida a r. sentença, o valor que a empregada receberia por tais ações seria correspondente apenas à diferença entre o preço da opção de cada lote de suas ações e o preço de mercado das ações, no dia da negociação, ou seja, teria direito ao lucro da venda e não ao valor total das ações; k) embora a D. Vara tenha declarado como correto o preço das ações da empresa no dia da dispensa da Recorrente indicado em contestação, determinando que este servisse de base para o cálculo da indenização, na sentença constou o valor errado, requerendo a retificação nesse sentido; l) os valores recebidos em razão do Plano não têm natureza de prêmio, posto que não se exige atingimento de qualquer condição para ter jus à compra das ações; m) tendo em vista que a condenação refere-se somente ao pagamento da indenização, deve ser declarado que não haverá qualquer incidência de contribuição previdenciária e fiscal, não servindo essa verba de base para o cálculo do FGTS; n) em atenção ao princípio da eventualidade, ressalta que não pode prevalecer o entendimento de não ser cabível o desconto da parcela do empregado para fins de contribuição previdenciária, a teor do disposto no art. 43 da Lei n. 8212/91; o) as deduções são matéria de ordem pública, de caráter imperativo, conforme Prov. 01/96 da CGJT.

II — a Reclamante que: a) a partir de 1995 não exerceu o cargo de gerente, tendo este, aliás, prestado depoimento às fls. 160; b) não houve verificação dos anexos concernentes a sua avaliação funcional, firmados por seus superiores; c) em referidas avaliações constava o seu cargo como "Supervisora de Canal de Revenda", sendo suas obrigações aquelas declinadas na prefacial; d) para o cumprimento de suas atividades obedecia a determinações das Gerências, sendo subordinada e cumprindo metas em relação as quais passava pelo crivo do superior; e) na dispensa o Departamento de Recursos Humanos declarou que sua função era de "Especialista de Marketing Sr.", setor este que tinha gerente, a qual se reportava; f) tem jus às horas extras, confirmadas em audiência; g) o fato de não haver controle de horário pode ser considerado a favor da Reclamada, tendo em vista possuir mais de 150 empregados; h) a prova documental revela que laborou durante as férias; i) por estar situada no Brasil não poderia editar, como caráter oficial, documentos na língua inglesa e, se o fez, deve responder pelas custas a que deu causa.

Contra-arrazoados, opina a D. Procuradoria pelo prosseguimento do feito.

É o relatório.

VOTO

1. <u>JUÍZO DE ADMISSIBILIDADE</u>

Conheço.

2. JUÍZO DE MÉRITO

2.1. — RECURSO DA RECLAMADA

2.1.1. — INDENIZAÇÃO/AÇÕES

Em síntese, aduz a Reclamada que possibilita aos empregados a opção pela compra de ações, por um preço fixo, que somente poderá ser negociado após o prazo de carência estabelecido, não desembolsando o empregado qualquer valor, mas auferindo o lucro da venda. Tal situação vigora apenas enquanto o pacto laboral perdurar. Afirma não se tratar o benefício de "prêmio", já que não é contraprestação pelos serviços executados. Logo, não possui natureza salarial.

Nada obstante o documento de fls. 197 ao explicar o Plano de Opção de Compra de ações como sendo a possibilidade de efetuar a aquisição de ações que serão negociadas no futuro, porém pelo valor da época da opção, em continuidade expressamente declara que "O Plano de Opção de Compra de Ações recompensa e reconhece seu desempenho atual e suas contribuições futuras através da oferta de opções de compra de ações".

Como se não bastasse, os documentos acostados à inicial, a título exemplificativo cito o de fls. 31, reconhece a dação das ações "Em reconhecimento pela sua contribuição para o seu crescimento e desenvolvimento da companhia", o que é repetido às fls. 59, 62, etc.

A primeira testemunha patronal esclareceu que

"*como parte dos salários recebiam ações, como se fossem de mérito; que quanto mais se esforçassem, mais receberiam ações*" (fls. 160).

sendo nesse mesmo sentido, o depoimento do Sr. Carlos Alberto Castro Luzzi, testemunha da Recorrente:

"*... que o empregado da reclamada recebe opção de ações em duas oportunidades, na admissão e no decorrer do contrato, em virtude de seu esforço*" (fls. 161).

Ressalte-se, por oportuno, que o empregado não custeava a "aquisição" de ações, tendo, inclusive, a testemunha acima afirmado que "não faz sentido o empregado ter prejuízo com as ações", posto que venderia e obteria os lucros quando lhe fosse conveniente.

Desse contexto probatório, conclui-se que, embora rotulado como Plano de Opção de Aquisição de Ações, na verdade, refere-se a prêmio concedido sob a forma de ações em retribuição aos serviços executados que, no entanto, somente seria revertido ao funcionário depois de um período.

Segundo a doutrina autorizada, os prêmios:

"...constituem um suplemento à remuneração do empregado, destinado a recompensá-lo pela eficiência na prestação de serviços, pela assiduidade com que comparece ao trabalho, por ter atingido determinado número de anos sem qualquer punição etc. Correspondem, assim, a uma gratificação de incentivo, visando ao melhor rendimento e comportamento do empregado..." (*in* Süssekind, Arnaldo, Instituições de Direito do Trabalho, 16ª ed., pág. 375).

Ora, tendo em vista que o documento de fls. 39 informa que a obreira possuía o total de 3.354 ações, número este incontroverso, concedidas em função de seu desempenho, e que o Plano, na verdade, tinha como objetivo a concessão de um prêmio, por óbvio, que no momento da dispensa tem jus a Recorrente a estas, ressaltando-se que o prazo de vigência era formalidade a ser cumprida quando o empregado estava na ativa, não podendo subsistir no caso de ruptura contratual, uma vez que era direito adquirido do titular.

As condições previstas às fls. 205-B/213, por serem obstativas ao direito do empregado, não podem ser consideradas válidas, até porque elaboradas unilateralmente pela Reclamada.

Por isso, correta a r. sentença originária que determinou o pagamento da indenização no montante correspondente às ações devidas de acordo com o preço médio na época do despedimento (fls. 327).

Ressalte-se, por oportuno, que não pode prevalecer a argumentação da Recorrente a respeito de ser devido apenas o lucro relativo à venda das ações, uma vez que a dispensa do obreiro obstou o direito à concretização da venda, no momento que lhe fosse mais conveniente.

E, como bem observou a Recorrente, tendo a D.Vara considerado correto o importe informado na defesa, porque não desconstituído pela Reclamante, é este que deve servir para o cálculo da indenização, ou seja, US$ 27,47 (fls. 170) e não aquele que constou às fls. 327 (US$27,96), passando a condenação a ter o valor de R$ 236.250,97.

Reformo parcialmente o r. julgado neste tópico.

(...)

2.2. — RECURSO DA RECLAMANTE

(...)

3. DISPOSITIVO

Isto posto, **conheço dos recursos** e, no mérito, **DOU PROVIMENTO EM PARTE a ambos: ao da RECLAMADA**, para o fim de determinar que seja considerado para o cálculo da indenização o valor de US$ 27,47, passando a indenização a ser devida no importe de R$ 236.250,97 e autorizar os descontos fiscais e previdenciários, conforme Prov. 01/96 da CGJT, independente da limitação mês a mês do salário de contribuição bem como das alíquotas progressivas, que, no entanto, não incidirão sobre a indenização relativa às ações **e ao da RECLAMANTE**, para determinar o pagamento de horas extras e reflexos do período imprescrito e a dobra das férias do período aquisitivo 1999/2000 acrescidas do terço constitucional, na forma da fundamentação.

Custas de R$ 5.600,00, calculadas sobre o valor da condenação, de R$ 280.000,00, ora arbitrado.

LUIZ CARLOS G. GODOI

Juiz Relator

O TST manteve o acórdão regional ao negar provimento ao Agravo de Instrumento interposto pela empresa reclamada.

PUBLICAÇÃO: DJ — 09/06/2006

PROC. N. TST-AIRR-496/2002-041-02-40.0

ACÓRDÃO

4ª TURMA

AGRAVO DE INSTRUMENTO INDENIZAÇÃO DE AÇÕES AÇÕES PAGAS COMO PARTE DO SALÁRIO EM VIRTUDE DO DESEMPENHO DAS ATIVIDADES REALIZADAS PELOS EMPREGADOS REEXAME DE FATOS E PROVAS. SÚMULA N. 126 DO TST. 1. A 4ª Turma desta Corte firmou o entendimento de que seria inviável se conferir natureza salarial aos *stock option* plans. 2. *In casu*, todavia, a premissa fática delineada pelo Regional, que não pode ser alterada por esta Corte, a teor da Súmula n. 126 do TST, é no sentido de que as ações eram conferidas aos empregados em virtude do seu esforço no desempenho de suas atividades, razão pela qual não se pode afastar a natureza salarial do referido benefício. Agravo de Instrumento desprovido.

Vistos, relatados e discutidos estes autos de Agravo de Instrumento em Recurso de Revista n. TST-AIRR-496/2002-041-02-40.0, em que é Agravante INTEL SEMICONDUTORES DO BRASIL LTDA. e Agravada ROSALVA GUEDES DE MIRANDA AGRELA.

RELATÓRIO

O Juiz Vice-Presidente do Tribunal Regional do Trabalho da 2ª Região denegou seguimento ao Recurso de Revista interposto pela Reclamada, com fundamento nas Súmulas ns. 126 e 296 do TST (fls. 138).

Inconformada, a Reclamada interpõe o presente Agravo de Instrumento, sustentando que seu Recurso de Revista tinha condições de prosperar (fls. 2-19).

Foram apresentadas contraminutas ao Agravo de Instrumento (fls. 141-148) e contra-razões ao Recurso de Revista (fls. 149-159), sendo dispensada a remessa dos autos ao Ministério Público do Trabalho, nos termos do art. 82, § 2º, II, do RITST.

É o relatório.

VOTO

I CONHECIMENTO

Conheço do Agravo de Instrumento, pois preenchidos os seus pressupostos extrínsecos.

II MÉRITO

(...)

2) INDENIZAÇÃO DE AÇÕES PLANO DE OPÇÃO DE AQUISIÇÃO DE AÇÕES NATUREZA JURÍDICA

O Regional entendeu que a Obreira tinha direito à indenização de ações, uma vez que:

a) as testemunhas patronais expressamente declararam que as ações eram pagas como parte do salário, em razão do esforço e mérito do empregado;

b) as ações concedidas aos trabalhadores, por serem concedidas como retribuição aos serviços prestados, teriam natureza de prêmio;

c) era fato incontroverso que a Obreira adquiriu, durante a contratualidade, o total de 3.354 ações em função de seu desempenho;

d) o prazo de vigência era mera formalidade a ser cumprida no decorrer do contrato de trabalho, sendo dispensado em caso de sua ruptura;

e) as condições previstas nos documentos acostados aos autos, por serem obstativas do direito da Empregada e terem sido elaboradas unilateralmente pela Empresa, são inválidas;

f) não deve prevalecer o entendimento de que a Reclamante teria apenas o direito ao lucro com a venda das ações, pois com a dispensa foi obstaculizado o seu direito de vender as ações no momento em que julgasse mais conveniente (fls. 82-85).

A Reclamada, em seu Recurso de Revista, sustenta que não seria devida a indenização de ações, na medida em que:

a) o exercício da opção de aquisição de ações é uma transação de natureza estritamente comercial, não tendo, portanto, caráter de prêmio, esse entendido como uma contraprestação pelos serviços prestados;

b) os empregados participantes dos Plano não devem atingir condição alguma, relacionada às próprias atividades, para que obtenham lucro com a operação de compra e venda das ações, já que a obtenção do lucro verdadeiramente independe do desempenho dos empregados ou de qualquer ato da Recorrente;

c) a Reclamante tinha mera expectativa de direito de adquirir as ações, pois não implementados os prazos de carência previstos no Plano quando da sua dispensa.

Requer, por fim, caso mantida a condenação, seja recalculado o valor da indenização, porquanto eventual direito da Reclamante se restringia ao lucro da venda das ações e não ao preço de mercado da ação. O apelo trancado veio calcado em violação dos arts. 457 da CLT, 114 e 1.090 do CC (revogado) e 5º da Constituição Federal e em divergência jurisprudencial (fls. 117-129).

Em que pese o entendimento firmado por esta 4ª Turma, ao apreciar o RR-3.273/1998-062-02-00.7, em que se discutia a natureza jurídica dos *stock option* plans, no sentido da impossibilidade de se conferir natureza salarial ao referido benefício, a premissa fática delineada, no presente caso, pelo Regional, que não pode ser alterada por esta Corte, a teor da Súmula n. 126 do TST, é no sentido de que as ações eram conferidas aos empregados em virtude do seu esforço no desempenho de suas atividades, *in litteris:*

A primeira testemunha patronal esclareceu que como parte dos salários recebiam ações, como se fosse de mérito; que quanto mais se esforçassem, mais receberiam ações (fls. 160). Sendo nesse mesmo sentido, o depoimento do Sr. Carlos Alberto Castro Luzzi, testemunha da Recorrente: ... que o empregado da reclamada recebe opção de ações em duas oportunidades, na admissão e no decorrer do contrato, em virtude de seu esforço (fls. 161).

(...)

Desse contexto probatório, conclui-se que, embora rotulado como Plano de Opção de Aquisição de Ações, na verdade, refere-se a prêmio concedido sob a forma de ações em retribuição aos serviços executados que, no entanto, somente seria revertido ao funcionário depois de um período (fls. 82-83). Assim sendo, constatada a natureza de prêmio às ações ofertadas aos empregados, conforme os aspectos fáticos descritos pela Corte de origem, depreende-se que somente foi conferida interpretação razoável ao art 457 da CLT, que determina a integração ao salário do empregado, para todos os efeitos legais, dos abonos pagos pelo empregador. Assim, emerge como obstáculo à revisão pretendida a Súmula n. 221, II, do TST.

Quanto à afronta aos arts. 114 e 1.090 do CC (revogado), que conceitua o termo condição e determina a interpretação restritiva dos contrato benéficos, respectivamente, percebe-se que, igualmente, somente foi conferida interpretação razoável aos referidos preceitos legais, porquanto a Corte de origem, ao entender que a Reclamante teria direito à indenização das ações, somente afastou as condições potestativas elaboradas unilateralmente pela Empresa, ao fundamento de que os citados artigos deveriam ser interpretados em consonância com as normas de proteção do trabalhador. Deste modo, também o apelo encontra-se obstaculizado pela Súmula n. 221, II, do TST. Ressalte-se, ainda, que o Regional sequer indicou quais seriam as condições potestativas estipuladas pela Reclamada que poderiam eventualmente obstar o direito da Reclamante, na medida em que apenas cita as laudas em que se encontram transcritas. Desta feita, analisar o teor das referidas condições implicaria o revolvimento de fatos e provas, o que é vedado pela Súmula n. 126 do TST.

Quanto aos arestos trazidos a cotejo, eles não rendem ensejo à admissão do apelo, porquanto inespecíficos, haja vista que:

a) os de fls. 124-126, referem-se genericamente à interpretação restritiva dos prêmios e gratificações instituídas unilateralmente pelo Empregador, sendo certo que, como mencionado anteriormente, não foi violada a literalidade do art. 1.090 do CC (revogado);

b) o de fls. 126-127, afasta o direito à indenização das ações, porquanto não implementados todos os requisitos para a aquisição do direito de resgatar as ações da Empresa, ao passo que a Corte de origem expressamente consignou que a Reclamante havia implementado todos os direitos à aquisição das 3.354 ações. Por isso, emerge como obstáculo à revisão pretendida a Súmula n. 296, I, do TST.

Por fim, quanto ao valor a ser pago em eventual condenação pela indenização de ações, a Recorrente apenas alega violação do art. 5º da Constituição Federal, não indicando expressamente qual inciso do referido dispositivo constitucional teria sido vulnerado, razão pela qual a admissão do apelo encontra-se obstaculizada pela Súmula n. 221, I, do TST.

Pelo exposto, nego provimento ao Agravo de Instrumento.

ISTO POSTO ACORDAM os Ministros da Egrégia 4ª Turma do Tribunal Superior do Trabalho, por unanimidade, negar provimento ao Agravo de Instrumento. Brasília, 24 de maio de 2006.

JUÍZA CONVOCADA MARIA DE ASSIS CALSING

RELATORA".

ANEXO II

ARTIGOS PUBLICADOS NA MÍDIA

A *Revista VOCÊ S.A.*, em reportagem de capa de abril de 2000, publicou a matéria abaixo transcrita:

"Upgrade nos contracheques — Uma revolução está em curso para segurar você na empresa com um atraente, justo e rico pagamento no fim do mês.

Por Marcos Gusmão

É bem provável que você nunca tenha ouvido falar em revolução do contracheque. Nós também não. Pelo menos até batizarmos dessa forma a mexida geral que firmas como AT Kearney e Andersen Consulting fizeram nos pagamentos de seus funcionários nos últimos meses. Não só consultorias fizeram isso. Outras empresas, como a Volvo, a IBM e o grupo gaúcho de comunicações RBS, também. As organizações decidiram dar mais dinheiro aos profissionais. Por quê? Para evitar que seus talentos corram para os braços das .com e dos concorrentes que já perderam gente para elas. Lógico que no Brasil, por enquanto, os exemplos ainda são poucos. Mas mostram claramente o que pode acontecer com seu demonstrativo de salário, bônus, prêmio e plano de participação nos lucros e resultados. O exemplo da AT Kearney, neste sentido, se encaixa muito bem no que chamamos de revolução.

A consultoria norte-americana AT Kearney, com escritório no Brasil, criou o Programa de Incentivo Global. Com ele, o profissional de nível intermediário — perceba que é o meio da pirâmide — ganha luvas, como os jogadores de futebol. O funcionário, de agora em diante, recebe o equivalente a 40% de sua remuneração anual de uma única vez. Isso, olhe bem, é dinheiro. O depósito das luvas será feito numa conta bancária nos Estados Unidos. O funcionário gerenciará a conta pela Internet. A empresa vai ainda estabelecer prêmios globais pagando também em dinheiro as melhores idéias de projetos. Os principais consultores, depois de três anos de alta performance, receberão um aporte em opções de compra de ações — o tal plano de *Stock Options*. A quantidade é definida pelo presidente do grupo lá nos Estados Unidos. Eles recebem também bônus conforme o desempenho pessoal e o resultado da empresa.

Outra forma de melhorar o saldo no contracheque foi permitir que os funcionários se beneficiassem com carreiras mais rápidas dentro da organização e continuassem tendo a chance de disputar o programa que paga 100% do MBA. A mexida da AT Kearney não parou por aí. A firma estendeu bônus aos juniores do time. Aumentou a porção variável da remuneração de toda a folha. Alargou as bandas salariais para permitir aumentos horizontais de salários. Ou seja, dará aumentos sem necessariamente promover a pessoa. E criou um fundo de pensão para os empregados. Ufa! É ou não é uma tremenda revolução?!

Explica-se. 'As companhias não querem criar expectativas nos funcionários nem entregar o ouro para os concorrentes', diz Yves Moyen, vice-presidente da consultoria no país. Outros seis grandes grupos empresariais encarregaram a Towers Perrin, consultoria especializada em remuneração, da mesma tarefa. Um deles é o grupo RBS. Os funcionários, em breve, terão direito a *phantom options*, programa geralmente usado por empresas de capital fechado. Cria-se um sistema de unidades imaginárias de valor da empresa e distribui-se para os funcionários mais eficientes. Na Andersen Consulting a maioria dos clientes pretende dividir uma parte maior do bolo. O que os consultores têm que fazer é criar políticas agressivas.

Não tem sido fácil agradar um grande número de profissionais ultimamente. De repente alguns passaram a enxergar uma montanha de dinheiro nas .com. Outros viram empresas tradicionais oferecendo maior participação no resultado dos negócios. Alguns, simplesmente, acordaram de manhã com os passes super-hiper-valorizados. Uma pesquisa recente do Grupo Catho com 1.356 executivos mostra que 80,4% deles passaram a receber salários maiores nos novos empregos. 'É por essas e outras que as companhias precisam melhorar de alguma forma sua política de remuneração', diz Mário Fleck, presidente da Andersen Consulting no Brasil. 'As expectativas pessoais em torno de salários e outras formas de pagamento têm aumentando bastante.' A revolução do contracheque está mais visível nas empresas de consultoria. É natural: essas firmas têm alguns dos perfis mais procurados pelas .com e se tornaram seu terreno de caça preferido. De acordo com o jornal inglês de negócios Financial Times, as maiores consultorias de gestão do mundo perderam de 20% a 30% do *staff* para a Web. Como esse tipo de empresa costuma ter estrutura enxuta, pode responder de forma mais rápida ao ataque. A consultoria Hay do Brasil, do Hay Group, também encurtou a carreira de seu pessoal. 'Resolvemos permitir que os consultores tenham carreiras mais rápidas e aumentem as chances de ganho financeiro enquanto continuarem na nossa equipe', diz Luiz Fernando Giorgi, presidente da Hay do Brasil. Na Bain & Company, 30% dos honorários dos consultores passaram a ser pagos em *Stock Options*. Os papéis são de projetos ligados à Internet, assistidos pela incubadora montada pela consultoria para novas empresas digitais. O consultor terá direito de exercer suas opções de compra de ações de uma só vez daqui a dois anos. Quem ficou de fora dos projetos da Web também teve direito a receber sua fatia. Serão distribuídas cotas de um fundo formado por parte das ações dos e-projetos, o chamado *equity pool*. 'A empresa também permitirá que parte dos consultores ganhe participação no desempenho global do grupo', diz André Castellini, vice-presidente da Bain & Company no Brasil.

A Andersen Consulting, por sua vez, decidiu investir este ano 200 milhões de dólares em empresas de comércio eletrônico em benefício dos funcionários. A organização viu o então presidente George Shaheen largar seu posto para tocar um supermercado virtual na Web. Antes dele, já tinha perdido dois outros pesos pesados. Depois disso, resolveu se mexer. A Andersen pretende destinar outros 100 milhões de dólares anuais, nos próximos dez anos. Ou seja, uma bolada bilionária para segurar seus profissionais no mundo todo. Eles receberão eUnits, uma espécie de cota do fundo de investimentos em e-projetos.

A participação acionária no Brasil é ainda uma prática embrionária. Um tímido mercado de capitais, encargos e outros entraves legais são algumas justificativas. A tendência, contudo, é de que esses planos façam mais sucesso em breve. O país tem terreno apropriado para as mudanças. Primeiro porque a corrida por bons profissionais é, e se mantém, acirrada. Ganhou força após a privatização das teles, renovou o fôlego com a criação das empresas-espelho das telecom e agora chegou ao auge com toda essa dança alucinada de cadeiras provocada pela Internet. Sem contar com a previsão de crescimento da economia para este ano. O que temos? Resposta: 'Um mercado comprador disposto a pagar mais pelos melhores profissionais', diz Vicente Picarelli Filho, sócio-diretor da Arthur Andersen.

A intenção de melhorar os contracheques já havia sido percebida no final do ano passado. A última pesquisa sobre remuneração feita pela Arthur Andersen indicou que pelo menos 85% das companhias ouvidas iriam implantar novos sistemas ou rever os atuais modelos de remuneração a partir deste ano. Deviam ter pensado nisso há mais tempo. Segundo uma pesquisa da consultoria DBM, a insatisfação com remuneração aparece em 49% das respostas sobre razões de turnover. Apesar da aparente boa vontade das empresas, infelizmente não se sabe com que velocidade toda essa transformação ocorrerá. Com certeza não será no mesmo ritmo alucinante que se dá nos Estados Unidos. Lá, uma pesquisa do NCEO (National Center for Employee Ownership) apontou que 15.000 grandes organizações já oferecem planos de participação acionária. Fazem isso como forma de melhorar a remuneração. Num artigo recente, o diretor executivo do NCEO, Corey Rosen, lembra que em 1992 havia cerca de 1 milhão de empregados nos Estados Unidos com acesso aos planos de participação acionária das companhias. Atualmente, esse número aproxima-se da casa dos 10 milhões. Algumas companhias norte-americanas já colocaram cerca de 20% de seu capital nas mãos dos empregados. O modelo de *Stock Options* é o canal preferido para essa distribuição de dinheiro. Não só para diretores, vice-presidentes e os grandões das empresas — os níveis intermediários também foram, e estão sendo, beneficiados.

O aumento de remuneração pode vir em forma de benefícios e no investimento na formação do profissional. As soluções que estão surgindo representam transformações profundas dentro das organizações. Já percebeu que a tarefa dos RHs será bolar estratégias para distribuir mais dinheiro? Na Volvo a diferença salarial entre dois gerentes podia ser de até 50%. Agora, um gerente pode receber 2.000 reais e outro, no mesmo nível hierárquico, ganhar 7.500 reais. "Se for necessário segurar a pessoa mais bem remunerada, ela ainda será promovida", garante Sônia Gurgel, gerente de RH da Volvo. Parece brincadeira — uma ótima, rentável e rica brincadeira. Outra solução encontrada tem sido estender o que já está aí para quem ainda não tem acesso a políticas vanguardistas como essa. A IBM decidiu dobrar o número de executivos com direito a *Stock Options*. Alguns bancos poderão seguir o mesmo caminho. 'A remuneração voltou a ter um peso importante na hora de segurar alguém na empresa', justifica Alessandro Bonorino, gerente de remuneração e relações institucionais da IBM no Brasil.

Se você, infelizmente, trabalha num lugar que nem sequer acenou com a possibilidade de oferecer um 'a mais', pode encarar a situação de diferentes maneiras. A primeira forma é considerar que sua empresa não dá o devido valor aos seus funcionários e por isso corre o sério risco de perder os melhores profissionais, inclusive você — óbvio. A segunda é a seguinte: talvez o dono do negócio não tenha acordado para toda essa revolução. Ou, pior, não acredite que ela baterá à sua porta. Seja o que for, de todo jeito ele corre o mesmo risco de perder seu pessoal. Dizer que as pessoas agora estão dispostas a trocar de emprego por dinheiro não significa que os profissionais viraram mercenários. Ficar ou não no emprego continua sendo resultado de uma conjugação de fatores. Pesa o ambiente de trabalho, a perspectiva de crescimento e o chefe bem preparado para o cargo. Mas se dá para ganhar unzinho a mais...

A competição pelos profissionais entre as companhias está aberta faz tempo. Mas, à medida que quem tem talento a perder aceita esse fato, avançam as mudanças nas políticas de remuneração. Essa é a lógica. Ninguém gosta de abrir mão facilmente de um profissional competente. Além disso, a saída de um bom empregado continua sendo um golpe duro para a empresa. No final da história, representa perda de investimento financeiro. 'Por isso a maioria das companhias hoje passou a confiar também na compensação monetária para construir a lealdade dos seus talentos', diz Maurício Luis Luchetti, diretor de Gente e Qualidade da Brahma. A companhia de bebidas tem em torno de 7% de seu patrimônio diluído em ações distribuídas a executivos e outros funcionários — e este ano deve chegar a 10%.

Insistimos em classificar as mudanças nos contracheques como revolução por outros motivos. 'É lucrativo para a empresa pagar mais por meios indiretos', explica Olga Colpo, sócia da consultoria PricewaterhouseCoopers. Uma pesquisa do Massachusetts Institute of Technology mostra que a empresa tem retorno de 1.000% a 1.500% do valor investido num profissional. Isso em três anos. 'Além do mais, sai mais barato pagar mais a quem já está na empresa do que contratar alguém novo', diz Olga.

O dinheiro, no entanto, não cairá do céu. É necessário correr atrás. Como? Capacitando-se, ampliando suas competências e trazendo mais resultados para a empresa. Você aumenta sua performance e isso se reflete no caixa da companhia. Em contrapartida, ela depositará mais dinheiro na sua conta. Aí você, por sua vez, precisará melhorar ainda mais sua performance para ganhar mais... A empresa precisa colocar esse mecanismo para funcionar de forma vantajosa e menos onerosa para os dois lados, o dela e o seu. É um desafio e tanto. Principalmente porque alguém pode aparecer para estragar tudo oferecendo bem-mais-dinheiro ao profissional. É o preço da competição pelos melhores.

DINHEIRO POR TODOS OS LADOS

Pelo novo modelo de pagamento dos funcionários, a remuneração pode ter oito braços:

1 — Alternativas criativas

2 — Remuneração variável

3 — Participação acionária

4 — Plano de aposentadoria

5 — Remuneração por competência

6 — Salário indireto

7 — Remuneração por habilidade

8 — Remuneração funcional."

A *Revista Isto É*, edição de setembro de 2000, publicou a matéria abaixo transcrita:

"ALGEMAS DE OURO

Tudo o que você precisa saber sobre *Stock Options* — um incentivo de longo prazo que nem sempre significa dinheiro no bolso

Por Mauro Silveira

Você quer ganhar uma bolada? Receber de uma só vez dinheiro suficiente para comprar a casa dos seus sonhos, adquirir um carrão zero-quilômetro ou fazer aquela viagem tantas vezes adiada? Pois então aqui vão duas palavrinhas mágicas capazes de engordar substancialmente sua conta bancária: *Stock Options*. Em bom português, opções de ações. Se você nunca ouviu falar em *Stock Options* e acredita que ganhar na loteria é o único caminho para chegar lá, provavelmente não trabalha numa empresa com política agressiva de remuneração. *Stock Options* são programas de incentivo de longo prazo que permitem aos funcionários comprar ações da companhia onde trabalham por um preço abaixo do mercado. Se dentro de alguns anos tudo der certo, a empresa crescer e ganhar valor, esse pacote de ações poderá transformar-se na tão sonhada independência financeira.

Os programas de *Stock Options* estão longe de ser uma novidade no Brasil. Eles chegaram aqui na década de 70, na carona dos programas de remuneração adotados pelas multinacionais norte-americanas. No início, foram um privilégio oferecido apenas a poucos executivos do primeiríssimo escalão das empresas. A boa notícia é que agora esses programas estão se popularizando cada vez mais. 'Várias organizações se orgulham em dizer que 100% dos seus funcionários, do faxineiro ao presidente, têm direito a fazer parte do seu plano de ações', diz Felipe Rebelli, especialista da área de remuneração da consultoria Towers Perrin.

É o caso, por exemplo, da Bristol-Myers Squibb, considerada a melhor empresa do setor farmacêutico no anuário Melhores e Maiores da revista Exame. O programa de ações da Bristol, que entrou em vigência em 1995, é regido pela matriz nos Estados Unidos e tem beneficiado todos os seus funcionários espalhados pelo mundo. A empresa fez mais uma distribuição de opção de compra em 1998. O analista de suporte Max Turtera Melgel, de 40 anos, vendeu no ano passado 800 ações e embolsou 82 000 reais líquidos — o equivalente a 26 salários. 'Comprei um terreno de 800 metros quadrados num condomínio fechado na cidade de Itu (interior de São Paulo) e comecei a construir a casa dos meus sonhos', diz ele. 'Eu já tinha esse desejo há muito tempo, mas não conseguiria concretizá-lo somente com minhas economias.' Ele tem ainda em mãos um lote de 200 ações, e poderá exercê-las em 2001. Quando pegar o restante do dinheiro, concluirá a obra.

Na brasileira Microsiga, o programa é mais recente. A primeira distribuição, relativa ao segundo semestre de 1998, aconteceu em janeiro de 1999. Serão distribuídos 5% das ações da empresa em sete parcelas — a última será paga em janeiro de 2001, quando a Microsiga deverá abrir o seu capital. A entrega das ações está atrelada ao cumprimento de metas, ao tempo de casa e à função. 'O diferencial do nosso plano é que não limitamos a distribuição de ações somente à matriz, mas a todas as nossas franquias', diz a diretora de recursos humanos da empresa, Patrícia Sodré Haberkorn.

As políticas de remuneração da Bristol-Myers Squibb e da Microsiga foram fatores importantes para a classificação de ambas na edição deste ano do GUIA EXAME — AS 100 MELHORES EMPRESAS PARA VOCÊ TRABALHAR. Das 100 companhias selecionadas no guia, 26 têm algum tipo de programa de ações, entre elas, as brasileiras Natura, Sadia, e Grupo Pão de Açúcar — além, é claro, da própria Microsiga. A mais nova pesquisa da William M. Mercer, outra importante consultoria na área de remuneração, confirma a tendência de crescimento do número de empresas, principalmente brasileiras, que estão adotando essa política de incentivo de longo prazo. O levantamento, concluído no último mês de agosto, foi feito com 63 empresas no Brasil, sendo 67% multinacionais e 33% nacionais. Juntas, suas vendas líquidas atingiram em 1999 a soma de 60,6 bilhões de dólares, o que representa 10,91% do PIB brasileiro do ano passado. Em 1999, segundo o relatório, 34% dessas empresas possuíam algum plano de *Stock Options*. Neste ano, o número subiu para 40%. 'As empresas brasileiras foram as grandes responsáveis por esse crescimento', afirma Cyro Christiano de Magalhães, consultor da Mercer. 'Elas representam 8% do total — e a tendência é essa participação aumentar progressivamente.' A pesquisa da Mercer revela outro dado significativo: os presidentes das empresas analisadas receberam no ano passado uma média de 560.027 reais em ações.

Há casos de executivos brasileiros que já embolsaram cerca de 30 milhões de dólares ao longo de dez anos. É claro que são raros. Mas há muitos jovens profissionais, principalmente os ligados a empresas de tecnologia, que já comemoraram seu primeiro ou segundo milhão de dólares. As empresas ponto-com, aliás, têm grande parcela de responsabilidade nessa explosão das *Stock Options*. Quando surgiram, há no máximo cinco anos, eram organizações de capital fechado e sem condições de oferecer salários competitivos para contratar os melhores profissionais do mercado. Mas tinham algo valioso: a aposta em um sonho chamado IPO, a abertura de capital, preferencialmente na Nasdaq ou na Bolsa de Nova York. Isso poderia não só supervalorizar a empresa mas fazer os que possuíssem ações se tornar homens ricos do dia para a noite.

São inúmeras as histórias de profissionais tarimbados que trocaram um emprego seguro numa empresa sólida por essa aposta. Com isso, os pacotes de *Stock Options* tornaram-se decisivos na caça de talentos no mercado. Os headhunters que o digam. 'Os incentivos de longo prazo, principalmente os oferecidos pelas empresas de Internet, fizeram com que muitos profissionais aceitassem propostas de salário menor em troca da chance de ficar ricos no futuro', diz Iêda Novais, diretora-presidente da empresa de headhunting Mariaca & Associates. 'De cada 100 contratos que fechamos, 50 têm algum modelo de *Stock Options* embutido.' Para muita gente, o sonho de ganhar uma bolada tornou-se realidade. Para outros, no entanto, transformou-se num verdadeiro pesadelo. Muitos viram as ações que tinham nas mãos virar pó. 'Boa parte das empresas de Internet lançaram seus papéis quando estavam supervalorizadas', diz Luís Antônio Ferraz Mendes, do escritório Pinheiro Neto Advogados. 'Hoje, as ações de boa parte delas já não valem tanto, para decepção de seus funcionários.'

As experiências negativas com *Stock Options*, naturalmente, não significam que elas sejam um péssimo negócio. Ao contrário. Representam uma oportunidade de ouro. Mas, como todo jogo, tem o seu risco. As empresas, obviamente, não passaram a oferecer pacotes de ações aos funcionários simplesmente por serem boazinhas. As *Stock Options* são, acima de tudo, uma arma poderosa das organizações para reter profissionais fundamentais para os seus negócios. Geralmente há uma carência mínima para o funcionário poder exercer o seu direito de compra e venda das ações. Esse período é chamado de *vesting*, ciclos que normalmente vão de três a cinco anos. Se por algum motivo o executivo deixar a empresa nesse período, ele perde o direito às ações. Não é à toa que no universo corporativo as *Stock Options* ganharam o sugestivo nome de 'algemas de ouro'.

Há uma infinidade de variações de planos de *Stock Options* no mercado, que são adotados pelas empresas de acordo com o seu perfil e o dos funcionários e de acordo com o setor em que atuam. Isso faz com que não haja unanimidade nem mesmo entre as consultorias na hora de definir cada modelo. De uma forma geral, no entanto, os planos podem ser divididos em quatro modelos básicos:

1 — Stock Options

A empresa concede ao funcionário o direito às ações com preço definido e prazo determinado de carência *(vesting)* para a compra. Por exemplo: o profissional passa a ter direito a um lote de 10.000 ações, cada uma valendo 1 real. Ou seja: ele tem uma opção de compra no valor de 10.000 reais em ações. Se após o período de vesting cada uma delas estiver valendo 10 reais, significa que agora o mesmo lote vale 100.000 reais. Ele faz, então, a opção de compra pelo preço antigo de 10.000 reais, vende as ações no ato por 100.000 e embolsa a diferença (spread) de 90.000 reais.

2 — Restricted stocks

Nesse caso, normalmente não há compra de ações por parte do funcionário. A empresa dá um pacote de ações mas estabelece algumas restrições ao uso. A mais comum é a permanência do profissional por um determinado número de anos na organização. Algumas companhias estabelecem também uma valorização mínima acumulada no preço da ação. Se a pessoa deixar a empresa ou se as ações não alcançarem a valorização prevista, adeus bolada. Como se trata de uma doação, as ações pertencem de fato ao funcionário. Passam a fazer parte do seu patrimônio. Se por acaso ocorrer uma queda no valor das ações, ele perderá dinheiro.

3 — Phantom stocks

As empresas que adotam esse plano normalmente são as de capital fechado ou aberto que não querem diluir o seu capital. Nesse modelo, o funcionário não tem direito à posse das ações. 'A companhia define a cota à qual ele tem direito, mas não a entrega', afirma Felipe Rebelli, da Towers Perrin. 'Depois do período de *vesting*, ela paga ao profissional o equivalente à sua valorização.' Esse modelo também é conhecido como SAR, sigla em inglês para Direito sobre Valorização de Ações.

4 — Planos de performance

São aqueles cuja premiação é vinculada a um indicador de desempenho financeiro ou econômico da empresa. Esses programas podem utilizar ações ou ser baseados em unidades de valor da empresa criadas especificamente para esse fim.

As chances de ficar realmente milionário com um plano de ações estão mais restritas aos altos executivos. 'Mesmo quando a empresa diz que oferece ações para 100% de seus funcionários, há uma infinita distância entre o que presidente e porteiro recebem', afirma o consultor Cyro Magalhães, da Mercer. 'Os profissionais do alto escalão costumam ter contratos de gaveta que muitas vezes nem o pessoal de recursos humanos ou membros da diretoria ficam sabendo.' Isso não quer dizer que os planos oferecidos ao restante da equipe devam ser menosprezados. Nada disso. Para muitos profissionais que não estão no topo das organizações, as *Stock Options* podem não representar uma fortuna capaz de deixá-los milionários da noite para o dia — mas podem, sim, significar a compra da casa própria, por exemplo. O objetivo dos pacotes oferecidos a toda a equipe, ao contrário dos assinados pelos altos executivos, é motivar os funcionários a buscar o melhor resultado e dividir com eles parte do sucesso da empresa.

A Eli Lilly, laboratório farmacêutico fundado há mais de um século nos Estados Unidos, iniciou sua política de *Stock Options* em 1993. Batizado de Global Share, o programa distribuiu naquele ano 100 ações por funcionário ao preço de mercado. De lá para cá, a Lilly promoveu outras duas rodadas, uma em 1995 e outra em 1999. 'O objetivo da empresa é segurar seus profissionais', afirma o gerente de recursos humanos Sérgio Zordan. 'Mas o mais importante é o comprometimento deles, que aumenta à medida que se tornam donos de uma parte da organização.'

A líder de produção da Lilly, Rita de Cássia Alves, 35 anos, trabalha há 20 anos na empresa e tem muito o que comemorar. Ela exerceu sua primeira opção de compra e venda em 1996. Na época, ganhava 900 reais mensais e conseguiu levantar 8,6 mil reais. Com esse dinheiro, obteve um financiamento para a compra de sua casa própria, na Zona Sul de São Paulo. Em 1998, foi a vez de fazer a sua segunda opção e embolsar 56 mil reais. Dessa vez, decidiu comprar um apartamento. "Procurei analisar o mercado e checar diariamente o valor das ações antes de realizar a nova transação", diz. Assim que concluir a decoração do apartamento, ela irá se mudar e passar a casa para o nome de suas duas irmãs. Ela, no entanto, ainda não gastou tudo o que ganhou com suas ações. 'Estou decorando o apartamento com o que restou', afirma com um sorriso claro de satisfação.

A extensão da política de incentivo de longo prazo a todos os funcionários das empresas tem feito inúmeras histórias com final feliz. Gente que nunca sonhou em ganhar algo além de sua remuneração mensal não consegue nem explicar a emoção de receber 20, 40, 60 vezes o seu salário. Pessoas como Maria José da Silva, de 43 anos, operadora de produção farmacêutica da Bristol-Myers Squibb. Ela ganha 690 reais atualmente e recebeu, de uma só vez, 26 mil reais quando exerceu seu direito às ações. Para muitos, pode parecer pouco. Mas para ela, era o equivalente a 38 salários. "Nunca tinha visto tanto dinheiro junto", diz. O que ela fez com a bolada? Ajudou o irmão desempregado a comprar uma Kombi, reformou a casa em que mora, trocou os móveis e eletrodomésticos e comprou um Uno usado. Mas o que mais a deixou feliz foi ir ao supermercado com toda a família. 'Mandei o pessoal encher os carrinhos como nunca tinha feito na vida. Comprei tudo do bom e do melhor.'"

Em 16 de novembro de 2004, a *Gazeta Mercantil* publicou uma matéria sobre a *São Paulo Alpargatas*, noticiando que a referida empresa estava realizando um mudança significativa no "Programa de Remuneração Variável" de seus principais executivos, dentre as mudanças noticia que o programa inclui incentivos de curto prazo e de longo prazo, nesta última modalidade as *Stock Options*:

"Por Tânia Nogueira Álvares

SÃO PAULO — A São Paulo Alpargatas está realizando mudança significativa no programa de remuneração variável de seus principais executivos, da presidência à gerência. O programa inclui incentivos de curto prazo (bônus por cumprimento de metas), e de longo prazo (*Stock Options* — opções de compra de ações). Este ano, a distribuição de ações aos funcionários foi estendida ao nível gerencial 1. Em 2005, ele chega a todos os gerentes. Além disso, o desafio das metas e dos indicadores cresceu para acompanhar objetivos agressivos, em especial no mercado externo, afirma Arnaldo Franco, diretor de Recursos Humanos.

Alinhar a remuneração de seus executivos ao ritmo de crescimento da empresa — de 10% a 15% nos últimos anos, gera maior comprometimento por parte da equipe com os resultados, diz Marcos Morales, diretor do grupo de Capital Humano da consultoria Watson Wyatt. Especializado em remuneração estratégica, ele tem assessorado a Alpargatas no processo de expansão dos incentivos variáveis.

O que muda no programa da Alpargatas — implantado pela primeira vez há seis anos — é a melhoria dos múltiplos de salários ligados a indicadores, que variam de acordo com as metas de cada uma das cinco unidades de negócios da empresa. "Em algumas unidades, o target de exportação é mais agressivo que em outras", exemplifica Franco.

A lista de indicadores é longa e está atrelada a dois grupos de metas específicas: corporativos e unidades de negócios. Algumas são comuns, como resultados financeiros — grupo de indicadores que responde por 80% da remuneração obtida com bônus. Outras são diretamente ligadas ao desempenho de cada unidade. Há metas individuais, responsáveis por 20% do total da remuneração por bônus, para os diretores dos diferentes negócios, como ampliação da participação no mercado, lançamento de uma nova marca, ou abertura de uma fábrica. A melhoria do clima organizacional e da satisfação dos clientes também está na lista dos indicadores a serem atingidos a cada ano. Se o funcionário exceder as metas estabelecidas, ele terá um adicional de até 30% em salários.

"Os indicadores acompanham a evolução da organização", enfatiza Franco. A remuneração hoje é formada 70% por salário fixo e 30% do variável. Um gerente chega a receber, em média, de 3,5 a 4 salários por ano, além dos 13 salários de praxe, incluído aí o 13º salário. No nível de direção, a remuneração variável chega a agregar mais cinco salários por ano. No futuro, a intenção é estender esse tipo de incentivo a curto prazo para todos os cargos de tenham papel de liderança, inclusive os coordenadores.

Opções de compra de ações

O programa de *Stock Options* foi implantado há dois anos, apenas para os diretores da empresa e agora está sendo estendido à gerência. 'A introdução é paulatina e no futuro vai alcançar profissionais de outras áreas'. Hoje 5% do capital da Alpargatas está nas mãos dos funcionários. O formato do plano de distribuição de ações é de dez anos, com carência de doze meses para exercer a opção de compra. A retirada é feita de forma gradual: 20% e 40% — para não perder a característica de um programa de longo prazo. 'Em cinco anos, esse programa pode representar o equivalente a uma remuneração adicional de seis a dez salários.'

Quando o funcionário recebe a ação, seu valor corresponde à média da cotação dos 60 dias anteriores no pregão da Bolsa de Valores de São Paulo (Bovespa). Somente neste ano, o valor da ação da Alpargatas cresceu 40%. O executivo recebe a diferença da variação ao exercer seu direito de venda.

Apesar da desconfiança em relação a programas de *Stock Options* depois dos escândalos contáveis em empresas americanas, Franco diz que hoje não há riscos em função das muitas exigências legais para se implantar um programa desse tipo. A Alpargatas é uma empresa de capital aberto — tem 64% de seu capital acionário em Bolsa — que cumpre as normas de Nível 1 de Governança Corporativa. 'Não é todo mundo que quer abrir números. Por ser de capital aberto, todos os números da empresa são acompanhados pelos conselhos de administração e fiscal e por auditorias interna e externa.' Em sua opinião, o programa de *Stock Options* representa uma parceria com o acionista, significa mais comprometimento com o resultado, com a manutenção do capital da empresa.

Prática comum nas multinacionais, a Alpargatas faz parte de seleto grupo de grandes empresas brasileiras que implantaram incentivos de longo prazo. Mas há um bom número de companhias interessadas em montar um programa equilibrado de remuneração variável, diz Morales, da Watson Wyatt. 'O principal motivo é fazer com que o executivo seja parcialmente remunerado pelo mesmo conjunto de indicadores e de resultados que regem a remuneração dos proprietários das ações, dos donos da empresa. Basicamente o acionista é remunerado pelo comportamento das ações. Ele vê seu patrimônio subir ou descer de acordo com todas as variáveis que regem a cotação de suas ações na bolsa de valores. Então é justo atrelar a remuneração de seu executivo a esse mesmo conjunto de fatores.'

Uma política de remuneração estratégica consegue atrair, e reter, os talentos que a direção acredita serem fundamentais para o sucesso do empreendimento. 'Este é o ponto fundamental: você atrai para sua empresa pessoas com o perfil da remuneração que você criou. E muitas empresas montam um programa de remuneração para pessoas que são diferentes do que elas querem. Se a companhia montar um programa que possibilite o risco e o ganho de acordo com esse risco, ela vai atrair um tipo de profissional mais empreendedor. Quando faz um programa de remuneração mais conservador, vai atrair outro tipo de profissional: mais estável, mais consensual, mais prático.'

Nos projetos desenvolvidos pela Watson Wyatt esta é a primeira questão: qual o tamanho do risco que a empresa deseja associar à remuneração? 'Se você vai a um banco de investimentos, está claro que a remuneração vai ser fortemente atrelada ao risco. Mas quando vai a organizações mais tradicionais, muitas vezes essa pergunta não está bem respondida. E a política estratégica de remuneração é um assunto que deveria fazer parte da pauta dos conselhos de administração.'

Outros fatores inibem a adoção dessa prática em maior escala, como a falta de liquidez da bolsa e o fato de muitas empresas ainda não terem condições de abrirem seus números. Algumas companhias, inclusive, têm recorrido à alternativa de lançar um programa de 'phantom stocks', com as mesmas regras do *Stock Options*, mas que não está atrelado à bolsa, mas sim a valores estipulados pela própria empresa.

O segredo, diz Morales, é o equilíbrio entre os modelos de remuneração. Um modelo bem-feito é aquele que atende às necessidades do alto executivo e da empresa. A curto prazo, um executivo precisa de um salário-base fixo, mais os benefícios como plano de saúde, para cumprir sua necessidade de subsistência, assim como a empresa precisa ter seu processo operacional garantido no dia-a-dia. A médio prazo, a remuneração do executivo permite formar seu patrimônio, enquanto a empresa também amplia seu patrimônio através da geração consistente de lucros ano após ano. A longo prazo, que é totalmente a risco, o executivo recebe para fazer o seu pé-de-meia, enquanto a empresa assegura sua perpetuidade.

Morales reconhece que os escândalos contábeis nos Estados Unidos e na Europa, incentivados em parte por esse tipo de remuneração pela variação das ações, tiveram impacto negativo sobre esse tipo de programa. Mas ele ressalta a diferença entre esses mercados acionários e o brasileiro, além da própria correção dos programas de *Stock Options* para coibir excessos. 'Uma política de remuneração equilibrada normalmente limita a participação do programa de *Stock Options* a no máximo 30% da remuneração total,' diz Morales. Segundo ele, esse tipo de programa poderia ganhar força caso o governo brasileiro adotasse a mesma política que o americano, onde foi criado o Incentive *Stock Options* (ISO), em que a empresa tem vantagens tributárias ao distribuir parte de suas ações aos funcionários. 'Essa é a forma mais adequada de capitalizar uma empresa. O governo americano reconheceu que não existe lugar mais barato para captar dinheiro do que na bolsa.'"

A *Revista Veja de 17.5.2006* publicou um estudo coordenado pela consultoria americana Deloitte Touche Tohmatsu realizado em 110 grandes companhias nacionais, no qual afirma que nos últimos 10 (dez) anos, 60% (sessenta por cento) das grandes empresas brasileiras estão oferecendo participação nos lucros e resultados, 30% (trinta por cento) dão bônus e 10% utilizam o sistema de *Stock Options*.

Embora no Brasil a prática de concessão de *Stock Options* ainda seja incipiente, tal fenômeno vem sendo praticado há anos nos Estados Unidos e na Inglaterra de forma agressiva.

Na referida matéria, a revista veja cita *Méran, H. 7 Tracy J.* responsável pelo artigo "The impact of employee *Stock Options* on the evolution of compensation in the 1990's", publicado no MBER Working Paper, n. 8.353, em julho de 2001, no qual afirma que no início dos anos 90, as *Stock Options* eram menores que os salários e bônus, mas que a partir de 1996 cresceram e foram maiores que as demais remunerações, evidenciando a tendência de crescimento na utilização de tal modalidade de remuneração, constatando que em 1998, 97% (noventa e sete por cento) das 500 maiores empresas norte-americanas concediam *Stock Options* aos seus executivos.

Recentemente, a *Revista Exame n. 1 do ano de 2007*, em sua capa destaca a matéria "**Caça aos Talentos — A competição pelos melhores cérebros atinge seu ápice. E a briga por profissionais que fazem a diferença hoje é global. As empresas brasileiras estão preparadas ?**"

Na referida matéria consta que para reter talentos, as empresas estão apostando em incentivos de longo prazo, como as *Stock Options*, informando os dados abaixo, resultado de uma pesquisa realizada pela consultoria Mercer em 261 empresas brasileiras:

• Em 1996 o número de Presidentes que recebiam remuneração variável era de 35% (trinta e cinco por cento) enquanto que no ano de 2006 passou a ser 55% (cinqüenta e cinco por cento);

• Quando a Diretores, em 1996 apenas 25% (vinte e cinco por cento) recebiam remuneração variável, percentual que passou para 40% (quarenta por cento) em 2006;

• A quantidade de Gerentes que recebem remuneração variável passou de 10% (dez por cento) para 20% (vinte por cento) nos respectivos anos acima.

Outra constatação da Mercer é que o valor do lucro obtido pelos empregados com as opções de ação também cresceu:

• Em 1996 o lucro dos Presidentes com as *Stock Options* era de 4 salários e em 2006 passou a ser de 6 salários nominais;

• Os Diretores obtinham um lucro de 3 salários em 1996 e em 2006 passaram a receber em média o correspondente a 5 salários nominais;

• Para os Gerentes, a pesquisa revela um lucro de 2,5 salários nominais em 2006, contra 1,5 salários em 1996.